MARÍA TERESA NIDELCOFF

A ESCOLA E A COMPREENSÃO DA REALIDADE

*ENSAIO SOBRE A METODOLOGIA
DAS CIÊNCIAS SOCIAIS*

*Tradução:
Marina C. Celidônio*

editora brasiliense

Copyright © *by* Editorial Biblioteca/
Departamento de Publicaciones de la Biblioteca
C. C. Vigil/Rosario/Argentina, 1975
Copyright © da tradução brasileira:
Editora Brasiliense Ltda.

Nenhuma parte desta publicação pode ser gravada, armazenada em sistemas eletrônicos, fotocopiada, reproduzida por meios mecânicos ou outros quaisquer sem autorização prévia da editora.

1ª edição, 1975

27ª reimpressão atualizada para nova ortografia, 2017

Diretora Editorial: *Maria Teresa B. de Lima*
Produção Gráfica: *Laidi Alberti*
Revisão: *Heliomar de Andrade Ferreira*
Capa: *Otávio Roth*
Diagramação: *Formato*

Dados Internacionais de Catalogação na Publicação (CIP)
(Câmara Brasileira do Livro, SP, Brasil)

Nidelcoff, María Teresa
  A escola e a compreensão da realidade: ensaio sobre a metodologia das ciências sociais / María Teresa Nidelcoff; tradução Marina C. Celidônio. — 1. ed. — São Paulo: Brasiliense, 1979.

  ISBN 85-11-11001-1

  1. Ciências sociais — Metodologia 2. Educação — Filosofia I. Título.

94-3338   CDD-370.1

Índices para catálogo sistemático:
1. Filosofia da educação 370.1

EDITORA BRASILIENSE LTDA.
Rua Antonio de Barros, 1720 – Tatuapé
CEP 03401-001 – São Paulo – SP
www.editorabrasiliense.com.br

ÍNDICE

Introdução 5
1 OS HOMENS DE NOSSA LOCALIDADE 9
2 OS HOMENS DE NOSSO TEMPO 29
3 OS HOMENS DE OUTROS LUGARES 45
4 OS HOMENS DE OUTROS TEMPOS 65
  Bibliografia 97

INTRODUÇÃO

Talvez o erro mais sério que nós, docentes, cometemos, seja o de nos deixarmos invadir excessivamente pelas exigências externas de nosso trabalho, isto é, o cumprimento de normas de diferentes tipos, sem viver intensamente o papel de educadores das crianças que a sociedade nos confia a cada ano... Quantas vezes conversamos entre nós sobre os programas que não chegam a ser completados, sobre as evidências, sobre certa criança cujo rendimento nos satisfaz ou nos preocupa, ou sobre uma outra, que "aborrece" em demasia. Por outro lado, quão poucas vezes conversamos sobre qual é o nosso papel junto às crianças a fim de ajudá-las a progredir como pessoas, para auxiliá-las a crescer até sua plenitude...!

No entanto, deveria ser esta nossa maior preocupação, o fundamental em nosso trabalho, o sentido de nossa ação.

Qual é minha missão como professor junto a este ser que cresce?

Em geral, é difícil que um professor, um docente, possa trabalhar seriamente se não procura encontrar a resposta a esta pergunta. Essa resposta deve se adaptar a uma série de condições externas, tais como:

— a idade das crianças,
— o ciclo de ensino em que estão,
— a série ou curso,
— condições socioeconômicas dos lares (características sociais, econômicas e culturais),
— lugar em que está localizada a escola: centro de uma grande cidade, um bairro, um lugarejo, zona rural etc.
— as características do momento histórico que se está vivendo.

Além disso, é inegável que a resposta pessoal do professor a esta interrogação depende de sua atitude diante da vida, de sua própria localização diante da realidade. Daí a importância, para cada professor, da reflexão e do diálogo sobre este ponto com outros professores, com outras pessoas.

Diante da pergunta apresentada (Qual é minha missão como professor junto a este ser que cresce?), a resposta que se propõe e na qual se baseia este trabalho, é a seguinte:

VER COMPREENDER a realidade

O papel do professor
é
AJUDAR AS
CRIANÇAS A:

EXPRESSAR a realidade, EXPRESSAR-SE

DESCOBRIR ASSUMIR a responsabilidade de ser elemento de mudança na realidade.

Isto se fundamenta numa visão do homem como ser histórico que se realiza no tempo. Crescer, portanto, significa ir se localizando com lucidez, no tempo e nas circunstâncias em que se vive, para chegar a ser verdadeiramente homem, isto é, indivíduo capaz de criar e transformar a realidade em comunhão com seus semelhantes.

De acordo com isto, a função da escola seria, então:

— dar INSTRUMENTOS às crianças: para a ANÁLISE DA REALIDADE de EXPRESSÃO
— iniciá-las na experiência da REFLEXÃO e da AÇÃO EM GRUPO.

A principal preocupação que motiva este trabalho é a de prestar uma ajuda aos professores no que se refere ao cumprimento do primeiro objetivo enunciado: "dar instrumentos para a análise da realidade", dentro de um aspecto desta realidade, aquela que levará os alunos a se conhecerem através do conhecimento dos outros homens em geral: os homens da sua localidade, do seu tempo, de outras localidades, de outros tempos.

Enfim, *a realidade do homem como ser histórico, criador de cultura*, enfatizando os homens do seu tempo.

Esta realidade está presente dentro das 8 séries da escola de 1º grau que até agora existia e que, em parte, subsiste; pelo menos, pode se apresentar sob os rótulos de: História, Geografia e Estudos Sociais. Contudo, ainda que tenham que se adaptar a certas exigências externas, convém que as crianças não recebam um parcelamento da realidade humana, uma divisão em áreas estanques, mas que fundamentalmente se conscientizem de que se trata apenas da *maneira pela qual os homens vivem e atuam...*

Iremos vendo por meio de *quais etapas e de quais atividades* pode-se ir fazendo esta aprendizagem.

OS HOMENS DE NOSSA LOCALIDADE

O primeiro passo desse "VER e COMPREENDER a realidade" de que se falou, consiste em ajudar as crianças a descobrir a vida dos homens que as rodeiam e com os quais estão em contato.

Deve ser assim, não apenas porque com as crianças é preciso partir do imediato, do que constitui sua experiência cotidiana, mas também porque significa iniciá-las na prática de um comportamento extremamente valioso: o de estar atentas à realidade que nos rodeia e o de ponderar e dar opiniões partindo da análise de tal realidade...

Conhecer e analisar a maneira pela qual vivem os homens com os quais estamos em contato: é isto o que, na escola, chama-se "estudo do meio".

O "estudo do meio" não constitui, em absoluto, uma novidade. Por exemplo: já há muitos anos nossos programas para as primeiras séries do ensino de 1º grau começam com este critério.

Não é nenhuma novidade, portanto, mas, na verdade, algo frequentemente desvirtuado. Como outras "inovações" pedagógicas, via de regra foi introduzido na escola de uma maneira apenas *formal*, destituído de seu valor e sentido *real*, além de não levar em conta este último.

O que é o "estudo do meio"?

Aparentemente, a pergunta é boba: a resposta parece óbvia. Estudo do meio...? Simplesmente estudar o meio em que as crianças vivem... Mas os termos "estudo" e "meio" passam a ter conotações diferentes de acordo com a idade das crianças. Por isso, antes de mais nada, é melhor definir o valor de cada termo.

"meio":

Do ponto de vista das crianças, "o meio" é toda aquela realidade, física, biológica, humana que as rodeia, à qual se ligam de uma maneira direta através da experiência e com a qual estão em intercâmbio permanente.

Não se pode, portanto, precisar os *limites do meio*, porque à medida que a criança cresce, seus relacionamentos com a realidade que a rodeia se tornam "imperiosos"... O meio é cada vez mais amplo, se estende: meu quintal, minha rua, meu bairro, meu lugarejo, os arredores do meu lugarejo...

"estudo":

Também o termo "estudo", no que se refere ao meio, apresenta valores diferentes de acordo com a idade das crianças:

— No início, é apenas um abrir-se ao meio: aproximar-se afetivamente do mesmo, "vivendo-o", descobrindo coisas e exprimindo-as...

— Em seguida já se trata de observar o meio, *aprendendo* a vê-lo, aprendendo a descobri-lo...

— E finalmente, o mais importante: *explicar* as características do meio ou certos fenômenos ou fatos que nele se passam; compará-lo a outros meios iguais ou diferentes; *analisar* causas e consequências...

Esta gradação não implica, absolutamente, que se deva apresentar estes três enfoques como etapas sucessivas e excludentes, mas, ao contrário, que desde as primeiras séries até o final da escola de 1º grau, estes matizes primam sucessivamente na maneira de encarar o "estudo do meio".

Quais são os objetivos?

Já foi dito que a escola tem que ajudar a criança para que, em seu processo de crescimento, ela vá compreendendo a realidade que a cerca, e nela se vá localizando lúcida e criativamente. Este processo a inicia na realidade imediata, com o meio: aprende a VER no mesmo, para em seguida estender seu olhar na direção de horizontes mais largos. O primeiro objetivo, portanto, é este:

— aprender a *ver* e *analisar* a realidade.

Outro objetivo:

— fomentar nas crianças uma atitude de curiosidade, observação e crítica diante da realidade.

Estes dois objetivos de *caráter formativo* são muito mais importantes que a *informação* (dados geográficos, históricos etc.) que se possa obter. Basicamente trata-se de incentivar *uma atitude* nos alunos e de exercitá-los em um *método de análise da realidade*.

Um terceiro objetivo:

— iniciar as crianças no estudo da *Geografia*.

Realmente, a Geografia deve ajudar a criança a captar a *inter-relação do homem com o meio*, começando pelo próprio meio para, em seguida, estender o olhar para outros meios diferentes. O primeiro passo da criança na Geografia está nesta percepção da vida que se agita à sua volta. Resumindo: fazer o "estudo do meio" é, em parte, fazer Geografia, empregando o método que esta emprega: a *observação direta*. Através do estudo de seu meio a criança vai adquirir:

— as noções geográficas básicas
— um vocabulário geográfico
— as primeiras noções de cartografia

Como considerar o estudo do meio?

O estudo do meio pode ser considerado de forma "integral" ou "parcial".

1) *Estudo integral*:

É o estudo de uma população, de um bairro, de uma cidade, sob todos os seus aspectos. Como:

— o lugar: relevo, clima, vida vegetal e animal;
— estudo demográfico: origem da população, sua evolução através do tempo, a população na atualidade;
— recursos econômicos e fontes de trabalho;
— o nível de vida de seus habitantes;
— as festas, os costumes;
— o traçado da cidade ou lugarejo;
— o abastecimento;
— a vida cultural da população;
— as comunicações, os transportes.

Um estudo integral é um *trabalho* difícil, que exige a ação coordenada de várias equipes, durante bastante tempo. É uma *tarefa* que se presta para ser assumida por toda a escola, ou, pelo menos, por várias classes.

Medidas a serem tomadas:

— motivar o estudo;
— estabelecer com as crianças a importância do trabalho e os *passos que deverão seguir*, as instituições que deverão visitar, os dados que terão que ser recolhidos, as pessoas que terão que ser entrevistadas etc.
— *formar as equipes e repartir as tarefas*, estabelecer os prazos necessários para que as equipes trabalhem dentro de um ritmo previsto, o que possibilita o intercâmbio de dados e a integração dos resultados do trabalho de cada um.
— *trabalho das equipes*, cada uma investigando os problemas que lhe correspondem.
— *reuniões parciais* de representantes das equipes, para controlar o desenrolar do trabalho.

— *trabalhos finais de síntese*: informações, exposições, debates etc.
— *autocrítica* e *autoavaliação* da experiência.

Como se vê: um trabalho dificilmente levado a cabo por um professor sozinho.

2) *Estudos parciais*:

Ou seja: considerar somente o estudo de um problema ou de um aspecto do meio. Por exemplo, investigar:

— Como nossa população se abastece de gêneros alimentícios?
— Onde trabalham os habitantes do meu bairro?
— Como são as casas do meu bairro? etc.

Ou então: o estudo de uma fábrica, de um estabelecimento rural, de alguma obra pública etc.

Aspectos a serem analisados numa fábrica, por exemplo:

— localização;
— instalações;
— pessoal: quantidade, idades, condições de trabalho, remunerações, moradias, transportes que utiliza para chegar à fábrica;
— processo produtivo;
— destino dos produtos;
— materiais *utilizados*, sua procedência;
— transportes *utilizados* para os produtos etc.

Em um *estabelecimento rural*:

— extensão e tipo de terras;
— distância em relação aos centros habitados, acesso aos mesmos;
— meios para o transporte dos produtos e o sistema de transporte dos moradores;
— a casa: ambientes, materiais, orientação, dimensões;
— outras instalações: galpões, silos, currais, moinhos etc.;

14   A ESCOLA E A COMPREENSÃO DA REALIDADE

— os trabalhos que se realizam: como, quem, com que ferramentas;
— os produtos que se vendem, destino;
— os animais: quantidade, raça etc.;
— os campos semeados, distribuição e rotatividade das culturas;
— a mata, a horta, as árvores frutíferas;
— formas de se abastecer de água;
— a vida dos habitantes: horários de trabalho e de descanso, comidas, divertimentos, o que fazem nos dias festivos etc.

Pode-se também fazer trabalhos de alcance ainda mais restrito. Por exemplo: *reportagens* com moradores antigos, com trabalhadores, donas de casa, fornecedores etc.; *pesquisas, observações* de um determinado lugar etc.

Estes estudos parciais são considerados como uma finalidade em si, independentes, ou então integrados em uma Unidade de Trabalho, em relação com o problema mais amplo que tal Unidade executa.

Os passos que devem ser tomados são semelhantes aos de um estudo integral, embora, é claro, com um alcance muito mais reduzido.

Que assuntos inclui um trabalho de "estudo do meio"?

Num trabalho deste tipo, a importância das matérias (cadeiras) desaparece. Embora as atividades a serem realizadas estejam ligadas principalmente à *Geografia*, as crianças também trabalham em muitos outros campos. Por exemplo:

História; a origem da cidade, de alguma instituição que se estuda de maneira especial, como era a paisagem antigamente etc.

Estudos Sociais: dispositivos municipais, autoridades do município, instituições através das quais se canaliza a opinião e a ação dos habitantes etc.

Ciências: busca da informação necessária para resolver algum problema, observação e registro de fenômenos.

Comunicação e Expressão: *redigir relatos* sobre os assuntos investigados e as tarefas realizadas, descrever paisagens, edifícios ou cenas observadas, *escrever* e *dramatizar* cenas típicas na vida do bairro ou cidade, *exprimir vivências* resultantes desta atitude de abertura e simpatia em relação àqueles que nos rodeiam, e que o estudo do meio tem como objetivo despertar.

Expressão Gráfica ou Pictórica: esboços de edifícios, de ruas etc., representação de cenas, paisagens etc.

Quando começar?

O "estudo do meio" pode ser utilizado em todas as séries do ensino de 1º grau, levando em conta a gradação já assinalada, de acordo com a idade das crianças. Se são estudos integrais, podem ser considerados como "projetos"; se são estudos parciais, geralmente se desenvolvem como atividades integradas às Unidades de trabalho, em relação aos problemas que tais unidades procuram esclarecer.

Através de que atividades as crianças podem estudar seu meio?

Esta é apenas uma lista de atividades possíveis, que podem ser consideradas isoladamente ou integrando algumas delas entre si.

1. OBSERVAR:

Guiadas pelo professor: saindo da classe sempre que seja necessário, indo ao atalho, ao bairro, à rua principal etc.; ou então, afastando-se mais da escola para ver algo especial, como um edifício, um estabelecimento fabril, o rio etc.

Sem o professor como guia: aproveitando os passeios que a criança faz com seus pais, *observar* realidades fora do horário escolar ou o bairro em que mora; fazer observações guiando-se por sinais ou pontos previamente marcados. *Observar*, por exemplo, um balneário, os preços das mercadorias, o estado das ruas, os efeitos de algum temporal etc.

2. REALIZAR EXCURSÕES:

Para que uma excursão tenha êxito é necessário que existam *certas condições*:

(1) Que o lugar a ser visitado tenha sido bem escolhido;

(2) Que o professor o tenha visitado sozinho, previamente, que tenha previsto as dificuldades e os aspectos mais interessantes;

(3) Que todos entendam bem o objetivo: o que vão ver, para que, e que a excursão não seja uma desculpa para passear;

(4) Que a visita tenha sido planejada com antecedência: as crianças vão com um questionário guia, com problemas para resolver apresentados previamente; as tarefas foram divididas por equipes diferentes, foram minuciosamente explicadas as observações a serem feitas, as perguntas a apresentar, os croquis a efetuar etc.;

(5) Que se leve em consideração que, ao recolher dados, tudo é importante na *medida* em que *serve* para a *realização do homem*. Para isso, o que se tem que procurar, antes de mais nada, é o *humano*, se a realidade que se está observando ajuda ou não ao desenvolvimento da pessoa, se ajuda ou não a uma realização mais ampla dos homens, sem limitar-se a analisar os dados em seu aspecto técnico.

(6) Que os dados recolhidos sejam "trabalhados" em classe, depois da excursão:

analisados

discutidos

integrados

sintetizados

(7) Que haja *atividades finais* que exprimam o resultado da experiência realizada: exposição dos materiais recolhidos ou de esboços, redação de relatos, explicações orais etc.;

(8) Que o grupo faça a autoavaliação da excursão, seus aspectos positivos e negativos.

(9) Em suma, que seja uma atividade com um objetivo claro, bem planejada e calculada.

3. REALIZAR REPORTAGENS:

O objetivo é pôr as crianças em contato direto e vivo com pessoas que lhes propiciem informação especial; por exemplo, alguém que mora na região já há muito tempo pode fornecer dados sobre como se povoou e evoluiu a localidade em que se encontra; um trabalhador de uma empresa pode fazê-las ver aspectos da mesma que talvez não tivessem chance de perceber numa excursão: condições de trabalho sua realização ou frustração como homem dentro da empresa etc.

Estas reportagens podem ser feitas de diferentes maneiras:

— *individualmente*: estabelece-se o tipo de pessoa a entrevistar, as crianças fazem as reportagens fora das horas de aula, depois trazem as reportagens *realizadas* para a classe, comentam, comparam, tiram conclusões;
— *por equipes*: estas fazem a reportagem e, em seguida, informam os outros colegas;
— ou o *grupo inteiro* convida o entrevistado para visitar a classe e ali o interrogam, tendo-se estabelecido previamente quais são as perguntas a fazer e quais das crianças formularão as perguntas em nome dos colegas.

Atualmente, o uso cada vez mais corriqueiro de gravadores abre muitas perspectivas para este tipo de trabalho. Um exemplo:

Reportagem com um carteiro

Idade:
Zona em que distribui:
Tempo de serviço:
— Quantos quarteirões você precisa andar para fazer sua distribuição?

- Em quantas horas a termina?
- Quanto pesa o saco de correspondência ao começar a distribuição?
- Além de entregar a correspondência a domicílio, você deve fazer quais outras tarefas?
- Qual é o salário de um carteiro? Além disso, fornecem roupa e calçados?
- O trabalho é executado da mesma maneira no inverno e no verão? O que acontece nos dias de chuva? Como se realiza seu trabalho?
- Por que, às vezes, alguma carta se perde?
- Por quais motivos um carteiro pode sofrer sanções no exercício de sua profissão?
- Do que é que mais gosta em sua profissão?
- Quais aspectos o aborrecem?
- Quais os que mais teme?
- Você acha que o trabalho de carteiro tal como é feito está bem organizado...? Caso contrário, como podia ser feito para que fosse eficaz e o menos cansativo possível?

Da análise das respostas pode surgir uma *imagem REAL do carteiro como trabalhador*, diferente, com certeza, dos estereótipos dos "carteiros" dos livros de leitura. Mas isto só vale como sugestão, porque é o *grupo motivado em seu conjunto* que deve planejar a reportagem e escolher as perguntas.

4. REALIZAR PESQUISAS:

Questionar vizinhos, comerciantes, trabalhadores etc., procurando informação sobre certas questões. Por exemplo:
"Em que trabalha o pessoal do bairro?"
"Quais são os programas de televisão que as crianças de nossa escola preferem?"
"O que fazem as pessoas de nossa cidade nos domingos ou dias de festa?"
Por meio da pesquisa, pode-se averiguar FATOS, ou então OPINIÕES, sendo o primeiro muito mais simples que o segundo.

Trabalhando com crianças pequenas, os dados a serem obtidos devem ser poucos e fáceis de conseguir.

Como no caso da reportagem, as crianças devem estar motivadas, apreciar o valor dos dados que a pesquisa pode fornecer, e compreender a pesquisa como um instrumento útil para obtê-los.

Apesar da simplicidade do *trabalho a fazer*, considerando a idade dos que vão realizá-lo, convém lembrar algumas condições indispensáveis ao redigir a pesquisa:

(1) Pode-se escolher questionários *abertos* ou *fechados*:

Questionários abertos: formulam diretamente a pergunta, por exemplo:

"Onde trabalha o senhor?"

Questionários fechados: sugerem as respostas possíveis e o entrevistado deve escolher entre as mesmas; por exemplo:

"O senhor trabalha em...

1 — uma repartição pública

2 — uma fábrica

3 — um estabelecimento comercial

4 — uma casa de família

5 — um estabelecimento rural

6 — outros

Os dois tipos de questionário apresentam *vantagens e desvantagens*:

Os questionários abertos:

Vantagens: respeitam ao máximo a liberdade do entrevistado ao responder, já que nenhum tipo de resposta lhe é sugerida.

Desvantagens: como as respostas são imprevisíveis, é muito difícil classificá-las rapidamente.

Os questionários fechados:

Vantagens: as respostas são muito fáceis de serem classificadas;

Desvantagens: pode-se exercer uma certa pressão sobre a pessoa que responde, ao sugerir-lhe as respostas.

(2) As perguntas devem ser claras, precisas, sem induzir o entrevistado a responder de uma maneira determinada.

(3) Se se trata de um questionário aberto, deve-se sempre incluir a categoria "*Outros*" para as respostas que não se coadunam com as consultas.

(4) Os questionários devem ser breves.

(5) A "população" deve estar bem *delimitada*.

É preciso esclarecer que a seleção da "amostragem" em trabalhos escolares como estes, pode deixar a desejar do ponto de vista metodológico, mas os *objetivos* da pesquisa realizada pelas crianças não são os de obter dados de validez científica, mas:

— pôr as crianças em contato com a realidade.
— fornecer-lhes um meio para averiguar essa realidade.

Talvez seja conveniente esclarecer o significado de dois conceitos utilizados: "população" e "amostragem".

"O processo de 'amostragem' é a seleção, para seu estudo, de um pequeno grupo, que se supõe representativo de outro mais numeroso e do qual procede. O grupo pequeno se denomina 'amostragem'; o grupo maior 'população', conjunto ou universo." (Best J. W. "Cómo investigar en educación", Ediciones Morata, Madrid, 1965, p. 178)

Os passos a seguir ao realizar uma pesquisa com as crianças são mais ou menos estes:

(1) *Motivar a pesquisa*, relacionando-a com um problema que interessa o grupo nesse momento;

(2) Determinar a *população* e, se decidir não trabalhar com a totalidade, selecionar quais serão os entrevistados ("amostragem");

(3) *Redigir a pesquisa*, ou então oferecer às crianças um modelo para que seja aceito ou modificado por elas;

(4) Chegar a um acordo sobre o procedimento que devem ter as crianças que funcionam como "pesquisadores", para que haja *uniformidade na maneira de executar a pesquisa*, a fim de que os dados possam ser comparados entre si e se possa alcançar certas conclusões gerais;

(5) As crianças devem *assumir sua responsabilidade como pesquisadores e obedecer* a um certo código, principalmente quando são respostas que expressam opinião;

— respeitar o anonimato das respostas,
— respeitar as opiniões do entrevistado, limitar-se a anotar as respostas, sem se meter a discuti-las,
— não comentar o conteúdo das respostas fora do momento especialmente dedicado ao mesmo, em classe.

(6) Uma vez realizada a pesquisa, é a vez daquilo que se pode chamar simplesmente de *classificação dos dados*. As crianças podem fazer esse trabalho se o professor as ajuda a preparar quadros claros que facilitem a contagem;

(7) Finalmente, *tiram-se conclusões da pesquisa*, os resultados são comentados e comparados;

(8) Os *resultados são expostos*: através de uma exposição oral ou mural, graças a um folheto etc.

Exemplos:

As crianças menores podem realizar trabalhos muito simples, como este:

"*Os jogos das crianças da minha escola*"

Objetivo: "Saber quais são os jogos que nossos colegas de escola preferem, levando em consideração o sexo e as idades."

População: Todas as crianças da escola. Tira-se a *amostragem* escolhendo ao acaso um de cada *x* meninos e uma de cada *x* meninas de cada série.

Questionário:

Idade:
Sexo:
Série:

Qual é o jogo que você prefere jogar na escola?

....

Qual é o jogo que você prefere jogar em sua casa?

....

Classificação dos dados:

As crianças podem fazer o trabalho, guiando-se por quadros deste tipo (antes, as crianças devem fazer uma lista de todos os jogos mencionados como sendo preferidos):

Jogos que nossos colegas preferem jogar na escola, levando em conta o sexo:

Jogos	meninas	meninos	total
Pega-pega			
Roda			
O que é, que é?			
etc.			

Conclusões:

Geralmente, os jogos preferidos são ....
Os jogos preferidos pelos meninos são ....
Os jogos preferidos pelas meninas são ....

Jogos que nossos colegas preferem levando em conta as idades:

Jogos	de 5 a 10 anos	de 11 a 13 anos	total
Pega-pega			
Roda			
O que é, que é?			
etc.			

Conclusões:

Os jogos preferidos pelas crianças menores são ....
Os jogos preferidos pelas crianças maiores são..................

Jogos preferidos para jogar na escola levando em conta o sexo e a idade:

Jogos preferidos pelos menores (5 a 10 anos):

Jogos	meninas	meninos	total

Conclusões:

Nesta idade (de cinco a dez anos) as meninas preferem
....
Nesta idade (de cinco a dez anos) os meninos preferem
....

Repete-se o mesmo trabalho para saber que jogos preferem as crianças maiores, levando em conta o sexo das mesmas.

Logo se pode tirar outras conclusões, de acordo com as *características dos jogos preferidos*, que as mesmas crianças, podem estabelecer:

— brincar de roda
— jogos em que se porre muito
— jogos em que se fica parado
— jogos de adivinhação
— jogos violentos etc.

Estabelecendo séries, uma ou mais, nas quais as *categorias* são excludentes (exemplo): jogos em que se corre muito.— jogos em que se fica parado), pode-se caracterizar as preferências, de acordo com as idades e os sexos.

Em seguida, as conclusões são redigidas e pode-se organizar um mural, ilustrando os trabalhos com desenhos e pinturas das crianças, relacionados com os resultados obtidos.

Outro exemplo, para crianças maiores:

Depois de ter visto na História diferentes formas de organização social, as crianças podem analisar o problema de *nossa organização*, os valores que possui, comparando-a com outras formas da Antiguidade, as falhas que subsistem etc. Podem, também, imaginar como gostariam que fosse a sociedade. E podem trazer à baila o problema de conhecer a opinião dos adultos e jovens que os rodeiam, sobre este assunto.

Objetivo: "Saber qual a opinião das pessoas sobre como deveria ser a sociedade."

População: Adultos e jovens de condição social diferente e com os quais a criança pode estabelecer contato direto. Cada uma interrogará, por exemplo, um estudante, um operário, um comerciante, um agricultor... (a seleção depende do lugar em que está situada a escola).

Questionário:

Idade:
Sexo:
Cargo ou profissão:

1. Considerando a sociedade a que pertencemos:
    1) Você está satisfeito
    2) Você acha que existem algumas falhas
    3) Você acha que existem muitas falhas
    4) Você está completamente insatisfeito
    5) Não tem opinião
2. Por que você pensa assim?
3. Como você gostaria que fosse nossa sociedade?

Classificação dos dados recolhidos:

A contagem das respostas à pergunta número um é muito simples: trata-se de ver quantas respostas se inclinam para cada uma das proposições e, além disso, de analisar a relação entre a satisfação ou insatisfação que indica a resposta, bem como a classe social a que pertence quem responde: por qual resposta se inclinam mais os operários, os comerciantes etc., ou, do mesmo modo, em que grupo há uma insatisfação maior etc.

Com referência às perguntas número dois e número três, fazer uma lista das coisas em que as pessoas estão de acordo ou não com nossa sociedade. O mesmo quanto às características da sociedade desejada. Em seguida elaborar quadros deste tipo:

4. *De que maneira as pessoas interrogadas desejavam que fosse nossa sociedade*:

Características mencionadas:	operários	comerciantes	estudantes	TOTAL
igualdade verdadeira				
liberdade de expressão				
etc.				

Assim, pode-se tirar conclusões dos diferentes aspectos, analisando as variáveis diversas, de acordo com o que se viu no caso anterior. Ao final, como sempre, integrar, sintetizar e apresentar os resultados obtidos.

5. *Analisar testemunhos históricos*:

Ou seja, procurar em documentos escritos, revistas e fotografias velhas, mapas antigos etc., o passado da localidade, o aspecto do bairro em outras épocas etc.

Como a análise de testemunhos é a atividade mais característica no aprendizado da História, voltaremos a este tema mais adiante.

6. Investigar sobre a História local:

Isto está diretamente ligado ao ponto anterior. Quer dizer: dentro do "estudo do meio", a análise de testemunhos é um exercício para investigar a história local. Os trabalhos deste tipo podem ser considerados de diversas maneiras:

— investigar a história do lugar em que se vive como um aspecto integrado dentro de um estudo completo do meio;
— como um trabalho visto *especificamente sob o ângulo histórico*: "A história de nossa escola", por exemplo;
— como uma *procura de causas e/ou antecedentes* na investigação de um determinado problema. Por exemplo: num estudo da cidade ou lugarejo, investigar, num enfoque retrospectivo, as causas de certas características que tenham sido notadas, como a preponderância de sobrenomes de origem italiana, iugoslava etc., a presença de certas tradições ou costumes, o motivo do crescimento acelerado da população em uma época determinada.

Os estudos de História local estão ligados ao estudo da História nacional: por meio daquela pode-se motivar o estudo de um problema em escala nacional ou, ao contrário, ver a repercussão de um fato histórico nacional no plano local.

Os meios a utilizar são:

— a análise de todos os testemunhos históricos que se obtenha: fotos, objetos, mapas, testemunhos escritos, como programas de festas, de leilões, anúncios comerciais, cartazes etc.
— o diálogo com antigos moradores ou vizinhos;
— a leitura de textos que se tem em mãos: artigos em revistas, anuários que certas instituições costumam publicar em aniversários importantes etc.

7. *Trabalho com dados estatísticos*:

Por meio das *leituras* que fizerem ou dos *dados recolhidos nas pesquisas*, as crianças devem se acostumar a lidar com dados estatísticos simples, como:

— calcular porcentagens
— calcular a média aritmética
— reconhecer qual o valor mais frequente

Além disso, devem se habituar a *reduzir a gráficos* de diferentes tipos, os dados que desejam VER e APRESENTAR AOS OUTROS com maior clareza.

8. *Desenhar planos*:

Levantar a planta das realidades que são estudadas: uma casa rural, uma casa urbana, a localização de uma fábrica, o bairro, a situação determinada dos edifícios públicos ou dos centros comerciais etc.; a rua principal, a distribuição dos diferentes lotes de uma chácara, o caminho percorrido para ir a esta ou àquela parte etc.

9. *Ler planos, cartas ou mapas*:

Ler o plano da cidade, localizando, por exemplo, o bairro em que se vive e como o mesmo se comunica com outros centros, com o centro comercial da cidade, com as fábricas em que trabalham seus habitantes etc.; ler e interpretar a carta topográfica da zona (que pode ser obtida no IBGE); ler mapas da região em que se encontra o lugar no qual se estuda.

Estes dois aspectos:

a) passar da realidade à representação da mesma no papel, graças ao traçado de planos;
b) interpretar a realidade por meio dos símbolos que se encontram no papel; isso significa a i*niciação das crianças à cartografia.*

10. *Traçar croquis, esboços e desenhos*:

Nas excursões e observações, esboçar ou realizar o croqui de currais, moinhos, edifícios, galpões, cais etc.

Existem *objetivos diferentes* para estes trabalhos gráficos:

— fixar certos dados;
— apresentar aos outros, com maior clareza, os dados recolhidos;
— exprimir uma vivência diante da realidade estudada.

11. *Descrever e informar*:

Apresentar relatos orais ou escritos relacionados com as realidades observadas. Aprender a informar com clareza, veracidade e simplicidade.

Descrever cenas que se testemunhou, escrever dramatizações.

12. *Ler*:

Consultar textos adequados, folhetos etc., a fim de ampliar a informação, comparar com outras realidades ou conseguir captar a envergadura de certos problemas.

13. *Discutir*:

Discutir certos problemas no grupo, relacionados com o planejamento das atividades por realizar, ou avaliando o material recolhido, ou ainda analisando problemas que tenham sido percebidos na realidade etc.

14. *Exprimir vivências*:

Seja escrevendo, pintando, desenhando ou dramatizando; expressar o impacto que a observação da realidade vai produzindo nas crianças.

OS HOMENS DE NOSSO TEMPO

Entender como vivem, que problemas enfrentam e o que almejam os homens de nossa época, em resumo: *tomar consciência dos problemas de nosso tempo, começar a assumir um compromisso diante dos mesmos,* tal deve ser a *contribuição principal que a escola pode oferecer às crianças.*

Por hábito, devido à imagem de escola que interiorizamos desde crianças, aceitamos que ela ensine certas coisas "porque sempre se ensinaram", sem nos indagarmos se vale a pena ensiná-las e para quê... Com certa facilidade percebemos falhas quanto aos métodos e à organização, mas *nos é mais difícil* refletir sobre o papel que achamos que a escola deve desempenhar frente às crianças.

Certamente, como já vimos, a visão que se tem da escola depende da concepção que se tenha do homem e da interpretação que se faça do momento histórico que vivemos. Porém, se se chega a *ver o homem como um ser criativo que se realiza na medida em que, com sua ação e em comunhão com os demais homens, faz a sociedade avançar,* percebe-se claramente que ajudar as crianças a *tomar consciência do aqui e agora* no qual estão convocadas para criar e expressar-se, passa a ser não apenas a tarefa fundamental da escola, mas aquilo que *a justifica como instituição.* Todos os outros ensinamentos terão sentido na medida em que contribuem para este fundamento.

Em uma sociedade que quer realmente avançar até formas de vida mais justas e mais completas para todos os seus membros, este processo de tomada de consciência do *hoje histórico,* através do trabalho da escola, deve ser incentivado exatamente para que os seres que crescem, possam ir entrando nesse processo renovador e progressista, no qual está comprometida toda a sociedade.

Por outro lado, há uma sociedade basicamente preocupada em *manter* as coisas como estão, e na qual as pessoas aceitem esta ordem de coisas. Uma escola inquietadora, que propicie uma tomada de consciência da realidade, não *seria tolerada* em seu conjunto. Seria contraditório que uma sociedade repressiva, que busca a tranquilidade, incentivasse uma escola dinâmica, que promova a pesquisa, que inquiete.

Mas, de qualquer maneira, ainda neste caso, é possível que dentro da escola, alguns mestres e professores trabalhem nesta linha e se tornem lentamente fatores de mudança.

Como encarar esta tarefa?

— Uma forma é a *vinculação permanente* de todos os ensinamentos do *presente,* como o que sucede à nossa volta e no mundo.

— Outra forma é encarar *a análise das notícias da atualidade* de uma maneira sistemática.

Esta é uma atividade que deveria ocupar um lugar cada vez mais importante na escola, para que, de certa maneira, se transforme no *ponto de partida* dos estudos que a criança venha a realizar em História, Geografia e mesmo em outras áreas.

É claro que este estudo da informação sobre a atualidade tem gradações, relacionadas com a idade das crianças;nas primeiras séries, com as crianças menores, quase que se identifica com o "estudo do meio". Com os pré-adolescentes e adolescentes, já se encara o estudo de fatos importantes ocorridos em *qualquer lugar do mundo.* A este respeito, temos que considerar que hoje, principalmente por influência da televisão, o mundo com o qual as crianças têm contato é cada vez mais vasto, já é o mundo inteiro. Neste capítulo trataremos justamente deste tema: as "atualidades" na escola.

Quais são os objetivos do trabalho com as notícias da atualidade?

O trabalho escolar com as notícias da atualidade visa vários objetivos:

a) *Incentivar certas atitudes nas crianças:*

— *interesse* pelos acontecimentos e realidades de nosso tempo;
— *tomada de consciência da responsabilidade* que cada pessoa tem na construção do mundo, reagindo diante da apatia e do comodismo;
— *atividade crítica e reflexiva*:
diante da informação proveniente dos diferentes meios de comunicação: imprensa, rádio, TV, cinema; redes sociais;
diante dos próprios fatos, inquietação para conhecer mais profundamente suas causas e consequências.

b) *Ajudar as crianças a adquirir certas capacidades:*

— *capacidade de se informar:* saber ler, escutar, ver;
— *capacidade de procurar* informação, organizá-la e apresentá-la;
— *capacidade de relacionar* diferentes fatos entre si.

c) *Ajudar as crianças a alcançar certas compreensões:*

— quais são os *problemas principais* que afetam o homem de nosso tempo;
— quais são as *características do momento histórico* concreto que elas vivem, no próprio país e na América latina;

— a *inter-relação* que existe entre diferentes problemas contemporâneos.

d) Além destas compreensões, capacidades e atitudes que o *trabalho permanente* com notícias da atualidade ajuda a adquirir, a importância desta atividade reside no fato que, através dela, as crianças vão vivenciando a escola como *um lugar para dialogar e pensar, com outras pessoas,* sobre o que acontece no mundo...

Se assim for, a escola poderá deixar de ser vivida como algo separado das outras experiências da vida, como um pequeno mundo à parte.

Que dificuldades apresenta este tipo de trabalho?

Como podem ser superadas?

Indubitavelmente, o trabalho com informação da atualidade apresenta muitos obstáculos... Talvez seja o ponto mais difícil do trabalho do professor, mas também um dos mais interessantes.

Estas dificuldades podem surgir de diferentes aspectos: das próprias crianças, da informação a manejar, da atitude do mestre, da reação do meio.

Dificuldades com as crianças:

É evidente que certos temas estão fora dos interesses e das possibilidades de compreensão das crianças pequenas. Por exemplo: acontecimentos complicados, de caráter político, quando não se pode simplificar a exposição sem deformá-la. O importante é encontrar a forma de *estimular o interesse* das crianças e de *selecionar os temas* que cada grupo pode encarar de acordo com a sua maturidade.

A *compreensão* dos temas pode ser enormemente facilitada com o tratamento que o professor possa dar à informação, com o emprego de material visual, em um clima de diálogo.

Pode-se estimular o interesse das crianças pelas atualidades, reconhecendo sempre que certos temas devem ficar de lado devido à idade do grupo. Isto é facilmente comprovado por quem trabalha um certo tempo nesta linha: o grupo começa a apresentar espontaneamente temas e perguntas; isto é, à medida em que as crianças "descobrem" as atualidades, passam a conhecer alguma coisa de alguns assuntos, começam a ter experiências interessantes: debates, observação de material visual etc., e assim o *interesse aumenta.* A este respeito é pertinente citar uma das conclusões a que se chegou numa investigação realizada sobre a socialização política das crianças.

"A falta de conhecimentos gera uma falta de interesse, assim como a falta de informação provoca a 'despolitização' do adulto." (Traduzido de: ROISG CH. et BILLON-GRAND F.: "La socialisation politique des enfants". Armand Colin. Paris, 1968, p. 44).

Este tema é interessante para ser refletido e aprofundado: até que ponto o pressuposto desinteresse das crianças e também dos adolescentes pelo que ocorre no mundo é um desinteresse que nasce das limitações que os mesmos *têm naturalmente,* devido à idade, e até que ponto é um desinteresse *"cultural",* seja porque *nossa sociedade os marginaliza* do diálogo e da informação adequadamente oferecida à idade deles, seja porque, *nem nos adultos,* as crianças e adolescentes encontram o exemplo de uma atitude vivamente interessada pelo que acontece no mundo...

Um fato que merece reflexão: com a mesma idade que alguns guerrilheiros vietcongues, muitos dos nossos adolescentes demonstram uma reação de alienação, por considerarem que "isso" nada tem a ver com eles; "isso" pertence ao mundo dos adultos.

Dificuldades com a informação a ser manejada:

Para as possibilidades de compreensão das crianças, a informação costuma ser *inadequada, insuficiente e tendenciosa.* Das três dificuldades, esta última é a mais difícil de enfrentar.

Informação insuficiente:

Quando se vai tratar de um assunto, suponhamos, uma guerra em andamento, as crianças conseguem acompanhar facilmente e trazem para a aula notícias *dos jornais,* isto é, *dados detalhados dos últimos choques.* Em contradição, para eles, é muito mais difícil encontrar *visões de conjunto, análises* das causas ou das origens de um conflito, de um processo de mudança etc. Desta maneira, fica difícil para as crianças compreenderem os fatos em seu verdadeiro sentido.

Este defeito na informação exige um esforço maior do mestre, defeito este que pode ser reparado em parte:

a) se o *mestre ou professor está bem informado e procura:*

— trazer informação oral que complemente as notícias trazidas pelas crianças.

— dar às crianças *sínteses orais* dos processos que se deseja estudar, caso as crianças não encontrem estes dados na imprensa.

b) *se o mestre ou professor arquiva adequadamente o material informativo* que vai sendo publicado nas revistas de atualidades, onde, muitas vezes, aparecem artigos retrospectivos sobre um tema, visão geral de um processo, análise de suas causas e consequências etc. Este material, devidamente posto em pastas, é de rápida utilização no momento em que se necessita.

c) *Informação inadequada para o nível de compreensão das crianças:*

Isto acontece principalmente quando as crianças não estão acostumadas a ler e analisar o que leem. Detalhes que facilitam a leitura:

a) que as crianças tenham uma visão geral do fato ao abordá-la, visão que podem ter obtido escutando o mestre e dialogando entre si sobre a informação recebida da TV ou dos comentários dos mais velhos. Geralmente os noticiários da TV não apresentam dificuldades para serem compreendidos, embora falhem em outros aspectos;

b) outra coisa que ajuda à compreensão: que as crianças tenham *guias* para procurar, num artigo ou numa notícia do jornal, *apenas aqueles dados que são importantes* e eliminem uma série de detalhes que não trazem qualquer elemento interessante, mas que atrapalham a compreensão, dificultando as coisas.

Informação tendenciosa ou parcial:

É o obstáculo mais difícil de vencer. Um dos objetivos do trabalho com notícias da atualidade *consiste* principalmente *em ajudar as crianças a tomar consciência da parcialidade na informação* e ensiná-las a descobrir tal parcialidade quando esta se manifesta.

Algumas coisas que ajudam neste sentido:

— diante de conflitos ocorridos na escola ou na classe, ajudar as crianças a perceber como é difícil analisá-los objetivamente; e como o mesmo acontecimento, o mesmo comportamento, são apresentados de maneira diferente de acordo com o ângulo pelo qual são olhados.
— quando as crianças trazem à aula enfoques parciais recolhidos da televisão, por exemplo, o *mestre deve:*
— fazer com que percebam que não podem compreender um fato, se lidam com informação que provém apenas de *um dos setores* afetados ou em luta.

(O docente deve estar consciente de que a parcialidade da informação em nossa sociedade *não é um fato casual:* vivemos em uma sociedade de poderosos e de desprotegidos, e são os poderosos que, por seu poder econômico e político e *para mantê-lo,* controlam os meios pelos quais a informação chega ao povo... Geralmente, portanto, a informação que chega às crianças em nossa sociedade, reflete uma visão parcial da realidade, enquanto setores enormes não podem se fazer ouvir).

— *trazer-lhes outras fontes* de informação e compará-las;
— se não há informação escrita que se oponha àquela que as crianças têm, para que ambas possam ser comparadas

entre si, o docente pode, pelo menos, *fazê-las raciocinar* sobre os motivos e objetivos da ação dos grupos ou pessoas apresentadas de uma forma distorcida pela televisão ou pela imprensa.

Pode-se também, ajudar as crianças a *prever as possíveis falhas* na informação, *analisando a fonte de que provêm* os dados com os quais se trabalha, perguntando-se, como diante de um documento histórico:

— Que *motivos* tinha quem escreveu?... Que *interesses* defendia?...
— Quem escreveu, tinha *informação suficiente* para apresentar os fatos com veracidade...?
— *Como obteve* essa informação: testemunhou os fatos, conversou com as testemunhas, fundamenta-se em um relato oficial etc.?
— Quem escreveu tinha motivos para ver os fatos *favorável* ou *desfavoravelmente*...? Está ligado a um dos grupos por interesse, por simpatia?
— Outra "defesa" contra os defeitos da informação é *o clima de liberdade que deve existir na aula,* de tal modo que a informação de diferentes fontes possa circular livremente e ser comparada.

Dificuldades na atitude do mestre:

Algumas atitudes do mestre ou professor que trabalha com notícias da atualidade podem influir negativamente. Por exemplo:

— *um mestre apático:* que trabalha com notícias da atualidade, mas que não se sente interessado e comprometido com a realidade do país ou do mundo, que não tem ideias claras nem uma atitude crítica diante dos fatos, não pode incentivar nas crianças atitudes que ele mesmo não tem;
— um mestre que quer *"doutrinar:* que não procura ajudar as crianças a descobrir a realidade por si mesmas, mas que na verdade pretende orientá-las para que aceitem docilmente os pontos de vista que ele, como adulto, já adotou.

Para decidir qual deve ser sua atitude, o docente deve se ater à regra de conservar, em todos os casos, um grande respeito pelos seus alunos, respeito que o levará a fazer com que eles sejam realmente eles mesmos, que descubram a realidade por si próprios. É importante:

— *respeitar, em aula, as opiniões* expressas pelos alunos, incentivar um clima de procura, de franqueza, de liberdade;
— sem vetar o conteúdo ou a orientação de uma tomada de posição dos alunos, ajudá-los, com grande delicadeza, a *aprofundar, a perceber os defeitos* de informação que possam ter, as *contradições* ou as debilidades dos argumentos;
— no mestre, o respeito pela pessoa dos alunos e a busca individual de cada um, não significa uma "neutralidade" que para os mesmos possa parecer *desinteresse ou apatia*. A tomada de posição do docente diante de um fato não deve ser um dogma para os alunos, mas estes têm *direito de perguntar* a seu mestre ou professor qual é sua posição, como vê um determinado processo.

Dois males devem ser evitados:

— O docente que, de seus pontos de vista, faz dogmas que quer impor aos alunos;
— O docente que, na ânsia de parecer objetivo diante de seus alunos, surge, na verdade, como um indivíduo apático e descomprometido.

Dificuldades na reação do meio:

Não está fora de cogitação uma reação desfavorável de algumas pessoas, contra uma turma de escola que discute livremente as realidades do seu tempo.

Alguns argumentos que costumam ser usados:

— Que esse tipo de trabalho não é útil nem necessário, que é perda de tempo.... Neste caso, é possível que, dialogando, seja viável ajudar quem critica a mudar de opinião.

— Que estes temas não são para crianças, que para elas é muito duro enfrentar realidades dolorosas: a guerra, a fome etc. Neste caso, é o mestre que pode decidir, em cada grupo, o que este, pela sua maturidade e experiências, é capaz de enfrentar.

De qualquer maneira, sempre se deve evitar:

— *ferir a* sensibilidade das crianças, sobrecarregando certos aspectos chocantes;
— *atemorizá-las;*
— incentivar nas mesmas uma visão pessimista do mundo atual.

Por outro lado, contudo, sem cair em alguns excessos, as crianças de certa idade podem enfrentar estes temas dolorosos:

— porque, de qualquer maneira, a cada momento, tais temas estão sendo propostos *pela TV, pelas revistas, pela própria realidade.* Em todo o caso, a escola pode ajudar as crianças a assumirem essas realidades com inteligência, e, conhecendo-as, a crescerem como individualidades...
— porque, lamentavelmente, *essas realidades estão no mundo* que os adultos constroem. Pretender que as crianças as ignorem significa mantê-las fora da realidade, empobrecidas...
— porque ao lado dessas realidades duras, existem *muitos aspectos alegres e positivos* no estado atual da civilização, que devem ser descobertos pelas crianças para que possam calcular as possibilidades de progresso da humanidade, em todos os setores.
— outro argumento contrário ao trabalho com atualidades é que isso "é fazer política". Na realidade, quem faz tal afirmação parece ignorar que não assumir a realidade, que manter um ensino livresco e alienado, também é fazer política: a política de produzir cidadãos medíocres e passivos, necessários para manter de pé firme uma sociedade que parece temer as pessoas esclarecidas.

Com que idade começar?

Pode-se começar com as crianças menores, mas o tipo de trabalho a ser realizado varia muito de acordo com a idade:

1. *Nas primeiras séries:*

Dentro da linha do "estudo do meio", a classe deve ser um lugar onde se fale permanentemente sobre as coisas que estão acontecendo: na escola, na família, na localidade... *Este é o primeiro passo* para que as crianças se interessem pelas notícias da atualidade: *comentar,* ocasionalmente, em classe, as notícias do meio ou alguma outra informação que as crianças tragam, recebida pela televisão, ou ouvida em sua casa, ou na rua.

Podem, também, *escrever e ilustrar essas notícias,* lê-las e comentá-las em classe.

Na mesma linha, é interessante fazer *"o diário da classe",* no qual se pode integrar trabalhos de duas maneiras distintas:

— *um colega, ou uma equipe, em turnos,* vai escrevendo sobre o que o grupo fez nesse dia, o que aconteceu, o que os colegas descobriram, os problemas que afetam um determinado companheiro, algum acontecimento feliz, algo que o grupo aprendeu etc...
— *todos os que desejarem,* escrevem no diário, quando têm algo para dizer aos demais.

Ao terminar a semana, dedica-se um tempo para a leitura do "diário do grupo".

Atividade semelhante é o *"diário mural":* num quadro-negro ou numa prancha de madeira, vão se afixando notícias, avisos etc., que dizem respeito à vida do grupo.

Nestes casos, a comunicação escrita se completa com a expressão gráfica ou pictórica.

Por meio destas atividades, as crianças vão se acostumando a *estar atentas ao que acontece,* sendo, portanto, preparatórias para o trabalho com notícias dos jornais, que tem como objetivo ajudá-las a *estar atentas ao que ocorre no mundo.*

2. *Nas últimas séries do ensino de 1º grau:*

Sem deixar de lado as atividades anteriores, outros passos podem ser dados. Nessa idade, as crianças *já podem lidar com material de jornais ou revistas,* embora selecionando os assuntos: viagens, invenções, notícias sobre costumes e modos de vida de outros países, fenômenos da natureza etc.

Em geral, *os temas mais comprometidos ou complicados são postos de lado,* exceto nos casos em que as crianças manifestem um interesse especial ou façam perguntas diretamente.

3. *No 2º grau e no fim do 1º grau:*

Aqui, sim, já é possível partir para qualquer tipo de assunto, embora, logicamente, fique a critério do mestre decidir a abordagem de um determinado tema ou notícia, ao considerá-lo educativo ou não.

A melhor maneira de selecionar os temas é deixar que as crianças mesmas os proponham. NÃO excluir, a priori, nada, nem mesmo notícias de esporte ou de espetáculos. Deixar que escolham, mas ajudá-las a fazê-lo seguindo certos critérios:

1) "Que seja algo que interesse a muitas pessoas."
2) "Que seja algo que, por suas consequências, 'pese' na marcha do país ou da humanidade."
3) "Que o debate na escola possa trazer às crianças elementos novos para compreender melhor o fato."

Isso levaria, por exemplo, à exclusão da abordagem *habitual* de assuntos desportivos, de certas notícias policiais ou de espetáculos...

Mas o papel do mestre é ajudar as crianças a raciocinar *a partir do material no qual estão interessadas,* mesmo futebol, notícias policiais ou diversões, fazendo-as ver o problema ou o fato *no contexto social em que ocorre:* causas, consequências, como afeta a vida das pessoas etc.

Como organizar o trabalho com notícias da atualidade?

O primeiro passo consiste em habituar as crianças ao manuseio do jornal:

— distinguir os diversos tipos de notícias: locais, nacionais, do exterior etc.
— reconhecer as diferentes seções do jornal: localizar os anúncios classificados, o editorial, os comentários sobre espetáculos;
— perceber como é diferente o compromisso para os editores, quando se trata de comentar um fato: num editorial, publicá-lo como notícia, publicar um comunicado sobre o fato assinado por uma instituição ou grupo de pessoas, publicar uma solicitação;
— saber o que são as agências noticiosas, reconhecer de que agência é uma notícia, e quando e onde está datada.

Depois desta primeira etapa, *necessária* quando o grupo começa e *útil* para todo o trabalho posterior, inicia-se o trabalho com notícias, que pode ser tratado de *diversas maneiras*:

— Pode-se trabalhar de uma maneira extensiva ou intensiva:

a) *de uma forma extensiva:* comentar todas as notícias que as crianças trazem: no tempo dedicado a isso, cada uma comenta a notícia que lhe parece importante nesse dia ou nessa semana, trocam-se ideias, trazem-se dados etc. Em seguida, os recortes são fixados num quadro-negro, para o caso de alguém querer lê-los mais detidamente.
b) *de uma forma intensiva:* centralizar-se num assunto, mas aprofundando-o mais. Isto facilita a compreensão.

Os passos a serem dados podem ser os seguintes:

— Uma equipe escolhe um tema para desenvolver e comunica a escolha ao mestre.

Se na ocasião da escolha este tema convém, comunica-se ao resto do grupo o tema que será desenvolvido.

No dia marcado, a equipe responsável traz informações sobre o tema escolhido, ilustrando-o, anotando os dados mais importantes etc.

— *Desenvolve-se* o debate sobre os aspectos-chave do tema desenvolvido.
— Os alunos, individualmente ou em equipes, realizam algum trabalho de investigação ou de aplicação sobre o tema.

— *Pode ser um trabalho ocasional ou sistemático:*

a) *um trabalho ocasional:* comentar um fato quando é muito importante ou comove profundamente a opinião pública. Ou então, tratar ocasionalmente uma notícia da atualidade quando esta se relaciona com os temas da Unidade que se está desenvolvendo.

b) *um trabalho sistemático:* estabelece-se um horário certo, semanal ou diário, para a leitura ou comentário de notícias da atualidade.

— *Com relação ao tema que se escolhe, podem ser fatos ou realidades mais permanentes:*

a) *fatos:* algo que aconteceu, como um armistício, um congresso, uma descoberta etc.

b) *uma realidade mais permanente:* por exemplo, a realidade econômica ou política de um país ou de uma região, as origens de uma situação (suponhamos, o conflito árabe-israelense), ou a explicação do significado e o alcance dos termos que a imprensa utiliza; exemplos: o que significa que um país é "socialista" e quais são esses países, o que querem dizer expressões como: "países subdesenvolvidos", "esquerda", "direita", "desarmamento" etc.

Esta segunda forma fornece às crianças elementos bem mais numerosos para a compreensão da realidade. No caso da análise dos fatos, é necessário fazer com que as crianças pensem nessas realidades permanentes, pois são as que podem, geralmente, explicar os fatos. Dificulta a compreensão deter-se só nos fatos; as crianças têm que se acostumar a ir além do fato, procurar os marcos e as circunstâncias em que os mesmos se desenvolvem.

Cada mestre escolhe a forma que considera mais adequada ao grau em que ensina, mas a experiência parece indicar a vantagem das seguintes normas:

— *"Abarcar menos mas penetrar mais fundo"*: desenvolver menos temas, porém mais em profundidade.

— *"O importante é captar o significado de um fato, não os detalhes"*. Por isso é tão importante que o mestre forneça guias para que as crianças possam selecionar o mais importante.

— *"É importante fomentar a discussão"*. Esta pode ser *espontânea* ou *guiada* por duas ou três perguntas formuladas pela equipe que faz a exposição. Por exemplo: "O que vocês acham sobre...?", "Quais de vocês acham que são as causas de...?", "Quais aspectos positivos vocês encontram nesta situação... etc.

A discussão pode ser feita *com o grupo inteiro ou fracionando-o em* grupos menores, cada um dos quais dialoga, procurando chegar a uma conclusão. Finalmente, cada grupo pequeno expõe à classe inteira as conclusões a que chegou. Este fracionamento da classe em grupos menores é importante porque incentiva a participação de todos.

— *"É necessário conduzi-los a um trabalho final, de reflexão pessoal."*

Pode ser realizado de maneira individual ou por equipes, orientados por uma série de perguntas ou por um esquema básico. Nestes trabalhos o mestre poderá avaliar a compreensão alcançada pelos alunos, mas, principalmente, as crianças poderão exprimir *o que pensam ou sentem* diante de um determinado acontecimento ou situação.

É interessante que estes trabalhos sejam feitos por equipes, para incentivar o diálogo e a discussão. Por exemplo: "Que pensam sobre este fato?" "O que sentiram ao saber deste acontecimento?" etc.

OS HOMENS DE OUTROS LUGARES

3

Esse caminho até *a descoberta do homem*, no qual se tenciona iniciar as crianças, pretende orientá-las até a percepção e a vivência da unidade fundamental *do ser humano*. Significa conduzi-las desde o conhecimento imediato dos *homens do seu meio* (isto é, aquela porção da realidade com a qual estão em intercâmbio permanente e direto) até o conhecimento e compreensão das condições de vida de *todos os homens do mundo*.

Este *"conhecer e compreender como vivem e se desenvolvem os homens de diferentes lugares"* implica em compreendê-los em seu *meio físico, biológico e cultural*.

Esse objetivo é alcançado, em parte, com o trabalho escolar na área de Geografia, sempre que este cumpra certos requisitos.

O tema deste capítulo será justamente: como trabalhar com a Geografia para ajudar as crianças a obter esta compreensão do *ser humano*.

Quanto a isso, alguns esclarecimentos são necessários:

a) O fato de se ater especialmente ao trabalho escolar com a Geografia, como se fará mais adiante com a História, tem um *critério prático:* procurar contribuir para a renovação do estilo do trabalho escolar partindo da realidade concreta de nossa escola, sem esperar que essa renovação "de estilo" aguarde uma renovação do quadro formal-legal que, sem dúvida, está muito mais longe do nosso alcance e, talvez, não seja tão angustiosamente necessária como a primeira, já que pouco adiantam as mudanças formais sem uma mudança do "espírito" do ensino.

É a partir do que *está* e do que *é* que se justifica, então, este enfoque do trabalho na Geografia como algo separado. Por outro lado, embora estes contextos se integrem em áreas mais óbvias, como Ciências Sociais, por exemplo, ainda assim permaneceria de pé a importância do trabalho de caráter geográfico, bem como a necessidade de refletir sobre todas as possibilidades educativas contidas nesse trabalho.

b) Devemos lembrar que essa divisão - "homens de nossa localidade", de "nosso tempo", de "outros lugares", de "outros tempos" – é puramente metodológica.

Dentro dela, a Geografia NÃO ATINGE e ao mesmo tempo ULTRAPASSA o título de "estudo da vida dos homens de outros lugares".

Não atinge:

Não alcança, porque fazemos Geografia na medida em que nos referimos *à vinculação dos fenômenos com a terra,* com a paisagem. *E isto nem sempre é possível* em todos os aspectos. Conhecer a vida dos homens de outros lugares implica também em conhecer, por exemplo, as manifestações de sua arte, as características de sua religião e o papel que esta desempenha na sociedade, a organização política, a mentalidade etc., e estes aspectos não podem vincular-se *automaticamente* com o solo, principalmente quando se trata de culturas ricas e evoluídas. Neste aspecto, "conhecer e compreender os homens de outros lugares" também faz parte do trabalho com notícias da atualidade, de que já falamos, e é o enriquecimento do estudo geográfico de certos lugares com dados sociológicos, antropológicos etc.

Ultrapassa:

A Geografia *é mais que a vida dos homens de outros lugares,* pois as crianças nela se iniciam através do estudo *do próprio meio* em que se desenvolvem. Levando em conta estas *ressalvas e limitações*:

"Quais são os objetivos e as possibilidades da Geografia na escola?"

Para responder, convém *partir de uma definição da Geografia como ciência*: na pág. 17 do livro "Método para la enseñanza de la Geografia", publicado pela UNESCO, lê-se:

"Qual é o objetivo próprio da Geografia a não ser o de estudar as relações existentes entre os homens que vivem em sociedade e o meio ambiente em que se encontram?".

E sintetizando outras definições pode-se dizer que a Geografia é:
"a localização,
descrição,
explicação
e comparação *das paisagens* e das *atividades humanas* na *superfície do globo".*

Nesta definição deve-se destacar *dois elementos*:

1. *A unidade de estudo da Geografia é a paisagem.*

Quer dizer: a Geografia é uma ciência de *síntese,* estuda a combinação de vários elementos no espaço. Essa configuração peculiar de elementos associados dinamicamente no espaço e interatuantes, é a PAISAGEM.

2. *O homem em inter-relação permanente com o meio é o principal interesse* da Geografia na escola e, além disso, é o interesse principal da Geografia *como ciência.*

"A atenção permanente do homem é tônica fundamental da Geografia moderna e finalidade indiscutível de seus estudos".

(Zamorano Mariano: "La enseñanza de la Geografía en la escuela secundaria", EUDEBA, Bs, As. 1965, p. 8).

O homem, não como elemento submetido cegamente à paisagem, mas como elemento *atuante,* como ser *criador* que transforma a realidade física e também a biológica. Estas duas características da Geografia como ciência têm uma importância enorme quando alguém propõe como deve ser nosso trabalho escolar nesta área.

Reiterando a pergunta inicial: *Qual é, portanto, o objetivo da Geografia na escola...?*

O objetivo da Geografia na escola é ajudar as crianças a CONHECER O HOMEM através *da compreensão da inter-relação deste com o meio.*

Os *conteúdos* dos programas são apenas *meios;* a finalidade é o objetivo enunciado que, por sua vez, também é um meio, um instrumento para alcançar outra finalidade fundamental: O CRESCIMENTO DAS CRIANÇAS RUMO À SUA PLENITUDE COMO PESSOAS.

Características do trabalho escolar na área de Geografia de maneira a possibilitar o sucesso do objetivo enunciado:

Baseando-se na definição de Geografia dada anteriormente e considerando-se seu objetivo na escola, pode-se enumerar algumas condições ou características que o trabalho escolar deve ter em Geografia:

1. Ao definir "Geografia" falou-se de:
localização,
descrição,
explicação e
comparação.

Isto contrasta com o que é frequentemente o trabalho escolar, que se atém ao primeiro aspecto: localização. A Geografia se transforma em simples localização de cidades, montanhas e rios no mapa, ou pior, em simples memorização de dados que não dizem nada às crianças.

Com as crianças menores, o enfoque é posto na *descrição*. Descrição que pode ser colorida com relatos, aventuras, contos etc., relacionados com a paisagem que se descreve.

Na descrição deve-se aprender um *vocabulário geográfico básico*: vertente, cume, meseta, cordilheira, maciço, leito dos rios, margens, foz, delta, estuário etc.

À medida em que as crianças são maiores, a explicação das características *tem mais possibilidades* e torna-se, também, *mais importante*. Isto não significa deixar de lado a explicação com as pequenas; com estas é feita nos aspectos mais simples.

A relação causa-efeito não deve ser simplista, mas uma busca da combinação de elementos.

A explicação para *como se formou a paisagem* e do porquê existem certas características, mostrará às crianças que as formas terrestres não são elementos estáticos, mas *estádios de uma ampla evolução,* isto é, introduzirá a *noção* TEMPO na Geografia.

Embora no 1º grau não seja possível nem primordial aprofundar o estudo da *formação das paisagens em seus aspectos físicos,* pode-se, por outro lado:

(1) Insistir nas explicações que se referem ao *aspecto humano na paisagem*: Por que se cultiva a erva-mate em Missões? Por que há um aumento na quantidade de zonas semiáridas na Argentina...?

(2) Dentro da explicação da formação de paisagens, embora se tenha dito que nesta etapa essa explicação seria feita de maneira bem simples, é necessário que as crianças adquiram alguns conceitos, tais como: erosão, fenda, ondulação (do terreno), vulcão.

A comparação sempre é uma atividade interessante, procurando-se, em relação com a paisagem que se estuda, uma paisagem semelhante ou contrastante.

Estes três passos: *descrever, explicar, comparar,* não têm valor apenas em relação à informação a ser obtida e posterior utilização da mesma, mas têm um grande valor em relação à formação de atitudes:

— ensinar a VER,
— SER PROFUNDOS na observação da realidade,
— procurar as CAUSAS e as CONSEQUÊNCIAS do que acontece.

2. Ao lado desta integração de aspectos novos ao estudar uma paisagem, impõe-se também uma seleção de material, eliminando todos aqueles dados que servirão apenas para sobrecarregar a memória sem que ajudem a descrever melhor uma paisagem, para que o homem que nela habita possa ser compreendido mais profundamente. O critério de seleção seria: não se preocupar com a memorização de muitos dados, mas que as crianças saibam lidar bem com uns poucos elementos que as auxiliem a compreender a vida do homem numa paisagem determinada.

3. *A unidade de estudo da Geografia é a paisagem.* Os componentes da paisagem devem ser estudados *integrados*, tal como acontece na realidade, única maneira de compreendê-los. Por exemplo, os rios não podem ser estudados separados do relevo, o clima está relacionado com o relevo e este relacionado com o clima, as plantações relacionadas com ambos, do mesmo modo que as outras atividades do homem e sua casa; e, acima de tudo, as modificações que o homem introduz na paisagem: no relevo, na vida vegetal e animal, inclusive no clima.

Quando se faz uma desarticulação de elementos, estudando hidrografia, relevo, a vida vegetal etc., como elementos separados, não se pode explicar certas características que se notam na paisagem e suas causas. Combinados, portanto, como se nota na realidade, estudam-se os componentes de uma paisagem e a vida do homem na mesma. Ex.: "A planície com bosques", "A paisagem no Território das Missões" etc.

4. Outra característica de uma pedagogia da Geografia deve ser a *preocupação em centralizar tudo no homem.* Mais que a altitude e o número de picos, nossa preocupação deve ser estas perguntas:

Como vivem os homens dessa região...?
Por quê?

Como poderiam viver...?
Que recursos poderiam aproveitar...?

Na vivacidade que o professor deve ter para oferecer às crianças experiências que as ajudem a compreender a realidade do nosso mundo, é muito importante o papel da Geografia, que, buscando o apoio de outras disciplinas, deve assumir *os problemas de nosso tempo*:

— o atraso de certas regiões,
— a dependência econômica,
— os prejuízos ante certos grupos nacionais ou raciais etc.

5. Uma última característica: ao nos indagarmos sobre o método do trabalho escolar na Geografia, a resposta está *no método da Geografia como ciência*: a *observação direta, a observação indireta*.

A criança deve aprender a VER, passar de uma observação pobre e desordenada para outra *profunda, que apela para o raciocínio e reflexão*.

— *a observação direta:* deve ser feita sempre que seja possível, por meio de excursões e do "estudo do meio".
— *a observação indireta:* substitui a anterior quando esta não pode ser feita e, de algum modo, pode complementá-la, com a observação de lâminas, fotos, filmes, slides etc., de gessos, pedras, diagramas e mapas de diferentes tipos.

Atividades possíveis do trabalho escolar na Geografia:

1. *Estudar o meio:*

Como foi dito anteriormente, a observação do meio é a iniciação da criança na Geografia: observar, descrever, explicar, comparar, representar por planos (iniciação à cartografia), manejar vocabulário geográfico... Este tema já foi desenvolvido anteriormente, assim como o tema "excursões", que é uma das atividades básicas na Geografia.

2. Trabalhar com mapas:

Uma aptidão que qualquer pessoa deve ter é a de interpretar devidamente um mapa, isto é, saber lê-lo. E estar também apta para ver os fatos "cartograficamente", ou seja, associados no espaço, buscando nesta associação uma pista para explicar os porquês. Por exemplo: em um mapa da América latina, associar a renda per capita, a porcentagem de população rural e o índice de analfabetismo; isto mostrará a relação que existe entre o alto índice de analfabetismo, a alta porcentagem de população rural e a baixa renda per capita.

É imprescindível que a criança adquira estas aptidões na escola, para que possa aplicá-las, já ou mais tarde, na leitura de jornais ou revistas, ou em ponderações pessoais, na busca da explicação de numerosos problemas sociais, econômicos ou políticos.

O trabalho com mapas apresenta diversos aspectos:

— traçar planos partindo da realidade,
— representar e localizar dados no mapa,
— ler mapas.

— *Traçar planos partindo da realidade:*

É um aspecto do "estudo do meio" e é a iniciação das crianças na cartografia: traçar o plano da classe, da escola, de uma casa que tenha sido estudada etc., para adquirir vivencialmente certas noções básicas:

— a ideia de que os planos e os mapas constituem uma maneira de representar a realidade,
— a compreensão do que é uma escala (número de vezes em que a realidade está reduzida no plano) e o início do trabalho com escala,
— a orientação de um plano,
— o valor dos símbolos. *Quanto menores forem as crianças, mais concretos devem ser os símbolos.*

Antes de pretender que as crianças "leiam" um mapa, é necessário que tenham passado pela experiência de fazer, elas mesmas, um levantamento topográfico da realidade: medir, escolher uma escala, traçar o plano reduzindo a realidade de acordo com a escala escolhida, escolher símbolos, situá-los no ponto preciso. Esta experiência fará com que as crianças compreendam que um mapa está para a província, ou país representado, assim como o plano que elas traçaram está para a realidade que observaram e mediram, só que numa escala diferente.

— *Representar e localizar dados no mapa:*

No estudo de uma região é indispensável que se trabalhe permanentemente com mapas. Não basta mostrar no mapa mural, é necessário que cada criança tenha diante de si um mapa mudo, e que nele vá colocando, na forma mais correta possível, todos os dados: o leito dos rios, as montanhas, as cidades etc. O mapa não é, portanto, um campo artístico para enfeitar o caderno, mas é um instrumento de trabalho que deve servir para que a criança compreenda melhor a região que estuda.

Para não incluir dados em demasia no mapa, coisa que tira a clareza, as crianças podem trabalhar sobre papel transparente e ir sobrepondo os mapas de maneira a *ver* como os dados se associam e se integram. Por exemplo: no caso já citado, quando se procura ver a associação % de *analfabetismo,* % de *população rural* e *renda per capita,* pode-se traçar, em três folhas de celofane, três mapas da América Latina, utilizando-se três cores ou riscas diferentes. Sobrepondo-os, ver-se-á claramente *se existe ou não associação no espaço* entre os três dados.

Para que as crianças entendam facilmente a leitura de jornais ou a transmissão de notícias, é preciso que tenham fixado bem uma série *mínima de lugares e dados* que lhes sirva como ponto de referência para localizar outros lugares. Principalmente quando se trata de nosso país. Quando tratarmos do aprendizado da História, veremos que também aí é necessário que a criança tenha como esquema de referência uma *"coleção"* de *datas muito importantes.* O que de nenhuma maneira implica em dar uma importância preponderante à memorização.

Ao avaliar, deve-se também pedir exercícios de trabalho sobre mapas.

Outra experiência do trabalho com mapas, *consiste em fazer mapas em relevo.* É claro que as crianças jamais conseguirão fazer mapas aproximadamente corretos. Mas o que vale é a experiência ao fazê-los. *Existem diferentes maneiras de representar o relevo* nos mapas:

— trabalhar *diretamente sobre o solo,* sobre a terra e, com esta, marcar as depressões e as elevações;
— fazer o mesmo trabalho em *mesa com areia,* de uma maneira logicamente muito rudimentar. Mas assim pode-se fazer pequenos trabalhos bem simples, relacionados com a *aquisição de vocabulário geográfico: modelar* uma península, uma baía, um cabo, uma rua, um desnível no leito de um rio que produz uma cachoeira etc.;
— armá-los com *plastilina,* papel "machê" ou outra massa semelhante, sobre papelão ou madeira.

Neste caso, o processo para conseguir uma *semelhança maior* com a realidade consiste em recortar tiras diversas de um material de certa espessura, seguindo o traçado das curvas de nível. As tiras logo se sobrepõem e dão a base exata do relevo. As tiras são uniformemente cobertas de plastilina ou outro material. Se não se dispõe de mapas com curvas de nível para servir de base para o trabalho, pode-se utilizar mapas físicos coloridos, e ir recortando as tiras de acordo com o contorno dos espaços de diferentes cores, dando uma certa escala nas alturas das tiras, em relação com a altitude que representam.

— *Ler mapas:*

Para saber ler um mapa, é necessário:

— *saber orientar-se* nele: pontos cardeais, paralelos e meridianos;
— *reconhecer nos símbolos* as realidades representadas: rios, cidades, o tamanho destas, vias férreas, estradas; as diferentes maneiras de representar o relevo: o sombreado,

as cores (a forma mais habitual, dado o material de que geralmente se dispõe), as curvas de nível (o mais exato, mas o mais difícil para as crianças, por ser o mais abstrato);
— *interpretar as escalas.*

É necessário ocupar-se *especificamente* da leitura de mapas, dedicando-lhe tempo e exercitando as crianças. É preciso organizar um pequeno plano dos diferentes aspectos que se deseja que as crianças dominem, para *trabalhar sistematicamente em cada um deles.*

Entre estes trabalhos de interpretação de mapas, há o *traçado de perfis,* de acordo com um corte, interpretando o relevo representado num mapa.

Quando se dispõe de *fotografias aéreas* (e isto é cada vez mais possível, inclusive porque alguns textos já as incluem), ajuda muito para interpretar um mapa a comparação da fotografia com o mapa que representa a mesma realidade.

3. *Interpretar e executar gráficos:*

Um trabalho importante na Geografia *é ser* capaz de "graficar" dados. *Os passos* para aprender a traçar e interpretar gráficos, são:

a) *Traçar gráficos simples,* partindo da *realidade imediata* das crianças: porcentagem de meninas e meninos em classe, porcentagem de ausentes etc.

b) *Traçar gráficos simples sobre dados recolhidos em textos e revistas.*

Assim vão aprendendo a escolher o tipo de gráfico mais adequado para representar diferentes tipos de dados.

c) *Interpretar* os gráficos que se referem *aos textos escolares.*

d) *Interpretar gráficos de revistas,* jornais, livros e outras *publicações não escolares.*

Os tipos de gráficos mais comuns:

Gráficos de linhas e de barras: adequados para comparar coisas distintas entre si ou a evolução de um processo. Veja o exemplo da página seguinte.

56 A ESCOLA E A COMPREENSÃO DA REALIDADE

"Crescimento da população no território argentino, desde a época da independência"

Escala: Vertical ⊢——⊣ 1 milhão de habitantes
Horizontal ⊢——⊣ 10 anos

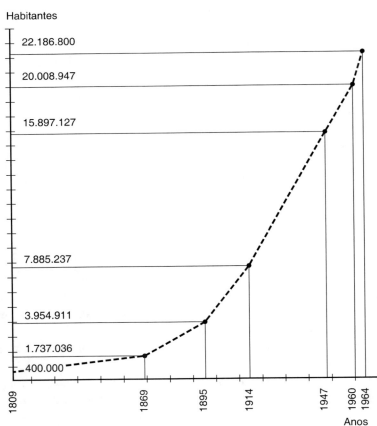

DADOS:
1809 — cálculo 400.000
1869 — 1º Censo Nacional   1.737.036
1895 — 2º Censo Nacional   3.954.911
1914 — 3º Censo Nacional   7.885.237
1947 — 4º Censo Nacional   15.897.127
1960 — 5º Censo Nacional   20.008.947
1964 — Direção Nacional de Estatísticas e Censos 22.186.800

"Comparação do índice de mortalidade infantil"
Mortes a cada mil nascimentos (menores de um ano)

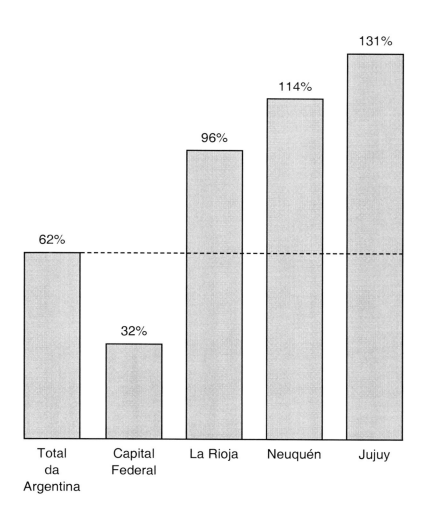

58 A ESCOLA E A COMPREENSÃO DA REALIDADE

"Comparação do índice de mortalidade infantil"
Mortes a cada mil nascimentos (menores de um ano)

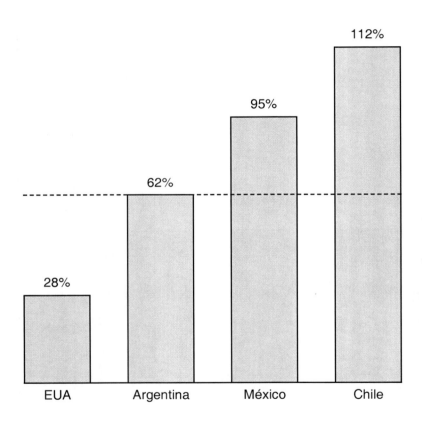

Gráficos de áreas: aptos para comparar porcentagens.

"Concentração da população na Grande Buenos Aires"

33%	67%
Grande Buenos Aires	**Resto do país**

"Distribuição da população na Argentina"

Arredondando as cifras, *sobre 10 habitantes*: 3 vivem na Grande Buenos Aires, 6 vivem nas Províncias de Buenos Aires e Santa Fé.

Gráficos ilustrados: um objeto aparece repetido proporcionalmente à sua frequência. Estes gráficos, muito mais próximos do concreto, são os que mais agradam às crianças.

Vive na Grande Buenos Aires	👥👥👥
Vivem: na Capital Federal, Províncias de Santa Fé e Buenos Aires	👥👥👥👥👥👥
Vivem no resto do país (menos na Capital Federal, Províncias de Buenos Aires e Santa Fé	👥👥👥👥👥👥

4. *Observar lâminas, fotografias e slides:*

É a experiência que deve substituir a observação direta quando esta não é possível. As projeções, fotografias e slides são sempre preferíveis às lâminas.

O interessante é orientar a observação, de modo que não se pretenda bombardear a criança com muito material visual, mas sim, trabalhar intensamente com algumas projeções ou fotos. As imagens projetadas têm vantagem sobre as fotografias porque:

— concentram mais a atenção;
— o tamanho grande permite a observação em comum.

Se não se dispõe de projetor, pode-se organizar, com *guias escritos, por equipes, a observação* de fotografias reais ou reproduzidas em revistas.

É útil combinar a observação da imagem ou foto com esquemas que ajudem a captar alguns aspectos; por exemplo, o relevo, o leito de um rio etc.

Algumas características de uma boa imagem:

— *ser simples e clara,* transmitindo *uma só ideia principal* de cada vez;
— mostrar o característico, o *típico* de uma realidade;
— incluir objetos que, por comparação, deem uma ideia do tamanho do que se quer fazer observar; por exemplo, homens, casas, algum animal que as crianças conheçam.

As revistas de atualidades fornecem inúmeras fotografias muito úteis; é bom conservá-las de maneira organizada.

5. *Ler:*

Leituras informativas: o professor pode dispor de muito material, dentre os quais relatos de viajantes, descrições, artigos de revistas ou jornais etc. Tudo isto complementando a informação dos manuais, que, às vezes, não correspondem totalmente a um enfoque como o que se quis apresentar aqui.

Leituras motivadoras: aventuras, poesias, contos etc.

Um exemplo: analisar os elementos para compreender uma paisagem e uma realidade da poesia de Nicolás Guillén: "Una canción en el Magdalena" (Colômbia). Foram sublinhados os elementos que devem ser analisados.

* Sobre el duro Magdalena,
largo proyecto de mar,
islas de pluma y arena
graznan a la *luz solar*
Y el boga, a boga.

El boga, boga,
preso en su *aguda piragua,*
y el remo, rema interroga
al agua.
Y el boga, boga.

Verde negro y *verde* verde,
la selva, elástica *y densa,*
ondula, sueña y se pierde,
camina y piensa.
Y el boga, boga.

Puertos
de oscuros brazos abiertos!
Niños de vientre abultado
y ojos despiertos.
Hambre, Petróleo. Ganado...
Y el boga, boga.

---

* N.T. Uma canção no Magdalena: Sobre o rijo Magdalena, / longo projeto de mar, / ilhas de pluma e areia / grasnam à luz solar / E ele flutua, flutua. // Ele flutua, flutua, / preso à sua aguda piroga, / e o remo, rema interroga / a água. / E ele flutua, flutua. // Verde negro e verde verde, / a selva, elástica e densa, / ondula, sonha e se perde, / caminha e pensa. / E ele flutua, flutua. // Portos / de obscuros braços abertos! / Crianças de ventre avultado / e olhos despertos. / Fome. Petróleo. Gado... / E ele flutua, flutua.

Va la *gaviota* esquemática,
con el ala breve sintética,
volando apática...
Blanca, *la garza* esquelética.
Y el boga, boga.

Sol de aceite. *Un mico* duda
si saluda o no saluda
desde su palo, en la *alta
mata* donde chilla y salta
y *suda...*
Y el boga, boga.

Ay, qué lejos *Barranquilla!*
Vela *el caimán a la orilla*
del agua, la boca abierta.
Desde *el pez* la escama brilla.
Pasa una *vaca* amarilla
muerta.
Y el boga, boga.
....

"El son entero", Editorial Losada, p. 69.

6. Ouvir:

— *Visitantes:* sempre que se puder, é interessante trazer à classe pessoas que tenham viajado, para que as crianças as entrevistem. Nem a explicação oral do professor, nem mesmo a

---

// Passa a gaivota esquemática, / com a curta asa sintética, / voando apática... / Branca, a garça esquelética. / E ele flutua, flutua. // Sol de azeite. Um mico hesita / se saúda ou não saúda / lá do seu galho, na alta / mata em que chia e salta e sua... / E ele flutua, flutua. // Ai, quão distante Barranquilla! / Vela o jacaré na beira / d'água, a boca aberta. / No peixe a escama brilha. / Passa uma vaca amarela / morta. / E ele flutua, flutua. //

leitura interessam tanto às crianças como *a comunicação direta com alguém que lhes diz:* — "Eu estive lá...", "Eu vi...".
É preciso preparar a entrevista, recolher e selecionar as perguntas; também é necessário trabalhar depois com os dados que as crianças recolheram na entrevista.
Música: com a poesia, têm um grande poder motivador. E, como a poesia, pode nos mostrar uma paisagem ou uma situação. Vários trechos musicais folclóricos podem ajudar a vivenciar a vida do homem em certos lugares de nosso e de outros países; por exemplo, na Argentina: *"Cantan los chicos de los valles —* Documental — Recopilação e textos de Leda Valladares, "Los inundados" (A. Ramírez — G. Aizemberg), chamamé, *"Zamba del carbonero"* (E. Madeo — M. Castilla), samba etc.

7. *Escrever a correspondentes:*

A correspondência escolar é uma experiência riquíssima. Além do seu valor sob o ponto de vista do desenvolvimento da linguagem escrita (propicia *a oportunidade de dizer algo a alguém,* o que não é muito frequente na escola), tem um grande valor do ponto de vista da *informação* e da possibilidade de ligar-se *afetivamente* a pessoas de outros lugares.

Algumas condições a considerar para que a experiência seja positiva:

— que também os professores se correspondam entre si, para garantir a comunicação positiva das crianças e assegurar também que estas obtenham resposta (o contrário é muito frustrador).
— que, por meio de perguntas, seja possível ir determinando aos correspondentes o que se quer saber sobre sua região.
— que sejam elaborados os dados recebidos, que se trabalhe com os mesmos.
— que o intercâmbio não seja apenas de cartas, mas também de postais, fotografias e objetos simples, o que é altamente

gratificante para as crianças, além da informação que lhes traz.

8. *Produzir monografias regionais simples:*

Trabalhando com roteiros e em equipes, as crianças podem reunir material, investigar problemas e elaborar relatos interessantes sobre a vida de uma região. Estas monografias, se bem redigidas e apresentadas, podem servir como material informativo para outras crianças que não participaram da equipe.

OS HOMENS DE OUTROS TEMPOS

4

A compreensão do mundo que nos rodeia e suas características, a procura de uma resposta às perguntas que a época atual nos apresenta, *levam-nos sempre ao passado, à origem* do processo que estamos observando e vivendo... Quando alguém se interroga: "Por que a guerra de Biafra...?". "Por que a segregação racial...?" "Por que o subdesenvolvimento...?". Não existe maneira de responder sem apelar para a História. Sua contribuição é insubstituível.

Desta forma, se a escola assume a missão de procurar situar as crianças na realidade com um senso crítico, sentindo-se parte comprometida na mesma, a escola tem necessariamente que *apelar para a dimensão "passado" para dar elementos necessários à compreensão do presente.*

Por isso, conhecer e compreender como vivem os homens de nossa época, em nosso meio ou em outros lugares, implica também no conhecimento da vida dos homens *em outros tempos.* Isto justifica a presença da História na escola, como disciplina, ou então *elementos de História integrados em áreas mais vastas ou em Unidades de Trabalho interdisciplinares.*

Quais são os objetivos do aprendizado da História?

Uma vez reconhecido o papel formativo do conhecimento do passado no ser que cresce e que descobre o mundo, deve-se refletir sobre a História como ciência e em suas *possibilidades e objetivos* na escola.

Convém trabalhar baseando-se numa definição de "HISTORIA": "HISTORIA é a ciência que estuda o passado do homem através da interpretação de testemunhos".

Para quê?

"Para a compreensão do presente", "para o autoconhecimento humano", são respostas que se deram para a História como ciência e que valem para a História na escola, cujos objetivos podem ser assim enunciados:

Esperamos que, através do aprendizado da História, nossos alunos sejam capazes de COMPREENDER O PRESENTE:

— *vendo o nosso mundo como resultado* de um longo processo,
— captando no presente as *derivações dos fatos do passado,*
— e, sobretudo, despertando a *capacidade de enxergar* as *raízes históricas* dos fenômenos contemporâneos e as *perspectivas futuras* do nosso presente.

Em resumo: não esperamos, com as aulas de História, que as crianças conheçam o passado, mas que sejam capazes de *compreender o presente,* que sejam capazes de levantar os problemas *em termos de evolução.*

Nessa "compreensão do presente", há uma *gradação de níveis, de acordo com a idade das crianças ou o interesse do momento:*

— procurar dados no passado mais próximo para compreender *um problema bem circunscrito,* por exemplo: "por que o traçado das ferrovias na Argentina se fecha *em leque* sobre Buenos Aires?";
— buscar no passado, na evolução total da humanidade, *uma pista* para responder *inquietações mais profundas,* sobre

a existência do homem, sua origem, sua evolução, seu destino. Esta contribuição da História é necessária principalmente durante o período da adolescência.

Condições necessárias para que o ensino da História cumpra seus objetivos:

Não basta ensinar "fatos que ocorreram no passado" para dar às crianças elementos para que compreendam o presente. Muitas maneiras erradas de dar História não se tornam apenas uma sucessão angustiante e inútil de nomes e datas, mas chegam a se tornar inibitórias para um enfoque posterior, mais inteligente, desses fatos. É o que se percebe claramente em alguns casos, como "Mayo de 1810": os alunos se prenderam, desde crianças, a uma certa maneira de ver esses acontecimentos, a qual lhes tira o entusiasmo e o interesse para uma reflexão posterior mais profunda sobre tais fatos, justamente quando chega o momento em que estão em condições de fazê-lo... Do mesmo modo, não são só inúteis mas também negativas, algumas imagens ingênuas, rigidamente fixadas, que situam certos homens da História nacional como "bons" ou como "maus": Rosas, Sarmiento, Rivadavia etc.

Por isso é importante definir *algumas características* que o trabalho escolar deve ter na área de História, partindo dos objetivos enunciados e do estado atual da História como ciência:

1. *"O aprendizado da História deve dar elementos para a compreensão do presente".*

Este é o objetivo, *aquilo que justifica o* aprendizado da História na escola. Isto implica exigências quanto aos conteúdos e aos métodos:

a) *quanto aos conteúdos* isto significa:

— deixar de lado uma quantidade de dados que são fixados por hábito, mas que *não trazem às crianças nenhum elemento para compreender o presente ou a evolução da humanida-*

de. Suponhamos: o número dos membros dos triunviratos, dos chefes e subchefes das campanhas militares, o estudo minucioso das expedições militares etc.;
— trazer elementos, que contribuam fundamentalmente para entender o desenvolvimento socioeconômico, elementos que hoje são postos de lado e que são muito mais ricos para compreender o presente do que a *História política,* embora esta, ainda hoje, receba o principal enfoque na escola. Um exemplo: para compreender a Argentina de hoje, é *mais útil* ter elementos para responder perguntas como *estas:*
— *"Por* que a população da Argentina se concentrou no Litoral?"
— "Por que a Argentina tem uma porcentagem maior de população de origem europeia que os demais países da América Latina?"
— "Quem foi o primeiro Diretor Supremo...?"
— "Quem fundou a cidade de Salta...?"
— significa também *dar mais importância a processos que estão mais próximos de nós no tempo,* cuja vigência atual é mais clara, deslocando, em parte, outros assuntos, hoje relativamente menos importantes... Por exemplo, no estudo das "correntes colonizadoras", não se pode eliminar dados como: que cidades fundaram, quem, quando etc... E, ao contrário, fazer simplesmente com que as crianças compreendam de que maneira a dominação espanhola se instalou, quais as consequências dessa instalação para os povos dominados, de que maneira as consequências da dominação do índio pelo branco *subsistem ainda* entre nós...?

O tempo que se poupa deixando de lado coisas desnecessárias, pode ser utilizado para tratar de temas muito mais importantes atualmente. Por exemplo: Como pode um adolescente argentino compreender nossa atualidade, sem conhecer nada sobre o peronismo...? E que papel executa a escola diante dos alunos se não os informa sobre o que eles precisam saber...?

b) *quanto aos métodos:*

Para que as crianças vejam a História como algo *vivo* no presente, é preciso trabalhar de uma certa maneira. Por exemplo:

— *que o professor ajude a ver a vinculação com o presente,* até que as crianças sozinhas comecem a se interrogar e a procurar por si mesmas essa vinculação;
— que a ação do professor seja *a de levantar problemas, mais que fornecer respostas incontestáveis*: que as crianças pensem, relacionem fatos, procurem consequências, discutam, tentem tirar conclusões e achem diferentes respostas para um determinado problema.

2. *"O estudo do passado do homem deve ser encarado de maneira integral":*

No ensino da História, tradicionalmente, acentua-se o aspecto político-militar. Todavia, hoje se vê claramente que, entre os diversos aspectos da vida de uma sociedade, existe uma tal interligação que estes constituem *um todo...* O aspecto político só pode ser compreendido dentro de um determinado contexto econômico-social. Se hoje não pretendemos que se compreenda a vida do povo argentino descrevendo somente a ação do governo, também não é possível que os alunos compreendam a vida dos povos no passado, sem ver as sociedades das diferentes épocas *de uma maneira integral*: como viviam os homens, como trabalhavam, como se alimentavam, conhecer as bases de sua economia, as classes sociais, a mentalidade (refletida no testemunho da arte e dos costumes), a religião (principalmente o papel que a mesma desempenhava na sociedade, na vida das pessoas), a ciência, a arte.

Disto resulta que os personagens históricos, quando devem ser observados, sejam vistos imersos *em seu tempo,* o que ajuda enormemente a compreender suas atitudes *e a não julgá-los de acordo com nossa mentalidade atual.*

Este enfoque *integral* do passado fará com que se comece a dar *menos importância ao estudo de fatos e mais importância à* descrição de sociedades, sua vida, sua cultura, sua economia, sua organização, não como aspectos independentes, mas vendo que existe uma certa unidade.

3. "Os alunos devem descobrir a história do homem como uma mudança permanente":

Pelas conversas ouvidas dos mais velhos, pelos progressos científicos e tecnológicos de que tomam conhecimento através da TV ou das revistas, as crianças de nossa época já têm a experiência da mudança... O aprendizado da História deve fazer com que vejam a mudança como algo que acontece permanentemente ao longo da História da humanidade, como algo inerente ao homem, como algo em que este se realiza.

Para compreender a realidade atual, é preciso que as crianças adquiram a capacidade de ver os fatos em evolução, de ver o presente como resultado de uma longa marcha e em marcha, por sua vez, para o futuro...

Para isso, deve-se habituá-las a comparar: períodos históricos entre si, o passado com o presente, vendo as transformações que ocorreram na forma de organizar a sociedade, na forma de trabalhar, na casa, na alimentação, nos costumes, e inclusive nas próprias pessoas, em sua maneira de ver a realidade, em seus valores, enfim, em sua mentalidade.

Esta experiência de perceber a mudança como algo permanente, deve ser liberadora para as crianças e adolescentes, quanto à sua maneira de ver o futuro:

— quando percebem erros ou injustiças no mundo atual, a vivência da História como mudança permanente, é preciso levá-los a se livrar de todo fatalismo quanto à inevitabilidade desse erro ou injustiça... No momento em que havia a escravidão, os homens submersos nessa sociedade se apercebiam dela como algo necessário. As crianças têm que chegar a ver que muitas coisas que hoje também nos parecem necessárias e inevitáveis em nossa sociedade, não o são em absoluto. E, um dia, no futuro, vão parecer absurdas.

— A *percepção da mudança também é liberadora de uma visão pessimista* do mundo atual e do futuro. As crianças *descobrirão progressos* nas condições de vida do homem atual e também em seus sentimentos em relação à humanidade: como se, apesar de todas as injustiças que ainda existem em nosso mundo, a humanidade fosse se conscientizando, lentamente, de valores novos.

Estas experiências liberadoras devem ser a base para uma tomada de consciência: a responsabilidade que cabe a cada um de nós, diante do mundo em que vivemos, como elementos de transformação *visando o progresso*.

Tudo isto significa que os dados históricos com que se deve lidar servem apenas como oportunidade para *discutir e dialogar, para comparar, refletir e imaginar*.

4. *"Através do aprendizado da História tenta-se fazer com que as crianças compreendam os homens do passado":*

Que os compreendam no *quadro histórico* em que viveram, tão diferente do nosso:

— O professor deve ajudar as crianças a não julgar os homens do passado com nossa mentalidade e nossos valores; deve orientá-las a passar pela experiência de *"descentralizar-se" da própria cultura* para tentar compreender os homens de outros tempos imersos *em sua cultura*.

Isto as ajuda a *descobrir o relativismo* da própria cultura: dos nossos costumes, de nossas formas de vida, de nossos hábitos mentais.

— Esta preocupação, em *compreender* os homens do passado em seu mundo, deve fazer também com que o professor ajude as crianças a superar a *tendência* natural *a classificar os personagens históricos em "bons" e "maus"*; como também o defeito de alguns manuais que fornecem de certos *personagens imagens simplistas* e, por isso mesmo, falsas: identificam um homem com alguma façanha de sua vida, inclusive, às vezes, exagerando-a; depois tornam esta façanha absoluta, e assim *apresentam à criança uma História de personagens rotulados*": este é o "tirano", aquele "é o fundador de escolas"... Temos que perguntar se esta História "de heróis" (alguns tão idealizados que já não parecem homens de carne e osso, com todos os defeitos que os homens, inevitavelmente, têm) não fornece às crianças *uma imagem deformada do passado* e, portanto, *também do presente*. Um exemplo tirado da realidade:

Perguntou-se a um grupo de adolescentes com que figura atual eles comparariam José San Martín... Houve reações de resistência:

— "Já não existe gente assim agora".

Isto desencadeou um diálogo em que apareceram expressões como estas:

— "Atualmente já não há patriotismo...".
— "San Martín era um herói, em compensação agora...".

Outra consequência desta apresentação de *uma História de "heróis" intocáveis* e não uma *História de homens limitados,* imersos em uma problemática, é a sensação que ocorre, sobretudo nos adolescentes, de terem sido enganados, quando descobrem aspectos discutíveis e contraditórios na vida desses mitos.

Uma das dificuldades que enfrenta o ensino de História é a de saber se se deve ou não apresentar certos temas às crianças:

— fatos que podem fazer surgir uma repulsa por outros povos...
— fatos negativos, pouco claros ou muito debatidos, na vida de certos personagens...

Dentro desta linha de procurar fazer com que as crianças compreendam o passado para poder compreender o presente, aparecem alguns critérios para esclarecer a conduta a ser observada nestas situações:

a) *Silenciar* para não dividir ou não "desiludir" sobre certos mitos *não é educativo*, como jamais o é a mentira; é educativo saber enfrentar os fatos e compreender suas causas.

b) Os fatos que podem ocasionalmente dividir, *perdem seu valor absoluto* quando situados e explicados em um momento *e em uma situação determinada*: algo que aconteceu no passado, ligado a certas condições que também podem pertencer ao passado.
c) As crianças devem saber distinguir, ao analisar uma determinada política, entre *"o povo" e o "governo"* desse povo.
d) O docente deve fazer um *esforço de objetividade* (de honestidade, no fundo), esforçando-se para que os alunos *compreendam*, e não para que usem os dados a fim de se enquadrarem em posições.
e) Diante de fatos ou períodos *julgados de maneira muito contraditória, e em que a polêmica ainda está acesa* (Juan Rosas, por exemplo), se os alunos dispõem apenas de uma informação parcial, como a do manual, o próprio docente deve alertá-los da parcialidade dessa informação e proporcionar-lhes outros enfoques, para que os alunos comparem e discutam.

Mesmo assim, a classe deve estar sempre aberta para os diferentes materiais e diferentes enfoques que os alunos possam trazer, assim como para as objeções e opiniões que possam manifestar... Evidentemente, esta possibilidade de polemizar é mais própria dos adolescentes que das crianças de 11 ou 12 anos... Mas também é certo que, justamente porque neste período se internaliza muito mais a visão da realidade que se lhes propõe, e também porque a escola de 1º grau é a única que a maioria do povo pode cursar, é imprescindível que a visão do passado que se proporciona nesta idade procure ser mais verdadeira, mais "compreensiva", menos partidarista, menos dogmática.

5. *"A vida das sociedades deve ser estudada vinculada ao meio geográfico em que se desenvolveu".*

Não basta localizar no mapa onde estão a Mesopotâmia ou a Grécia; as crianças têm que compreender a vida de um povo no passado *em relação a um determinado meio geográfico,* o que *possibilita* certos progressos em sua cultura e as limita em outros aspectos: o clima, a fertilidade ou aridez das terras que permite uma ou outra forma de exploração econômica, a presença de bosques, de pedras, de metais, localização: isolado ou com muitas possibilidades de comunicação etc... Por exemplo:

— "Como influía o deserto nas condições de vida do gaúcho: em seus costumes, em seu temperamento, em seus valores...?"
— "Que influências tiveram na vida dos fenícios estas características do meio geográfico em que viveram?":
— à beira-mar
— ponto de junção entre Oriente e Ocidente,
— poucas terras cultiváveis,
— presença de bosques, abundância de madeiras resistentes.

Deve-se recordar que o papel do meio é mais forte quanto mais primitivas são as comunidades que nele habitam.

6. *"O aprendizado da História deve ajudar as crianças a se localizarem no tempo*

Assim como deve ficar claro que se afasta a apresentação da História como uma simples memorização de datas, também é certo que a fixação de uma "coleção" mínima de datas é necessária para localizar a criança no tempo, diante do passado.

É necessário selecionar algumas datas decisivas que possam assinalar uma diferença entre períodos. No interior desses períodos pode-se eliminar as datas, mas é importante que quando conheça um fato, ou simplesmente veja um filme, que transcorre em um determinado século, a criança tenha *datas-chave*, que lhe sirvam de referência para situar o fato dentro de um período ou dentro do marco de uma sociedade determinada: "Século XI...? Idade Média, sociedade feudal"; "1840; na Argentina...? Época de Juan Rosas...

Essas datas-chave, na Argentina, poderiam ser:

século XVI: Começo da conquista espanhola
ano 1810: Primeiro passo para a separação da Espanha
ano 1816: Declaração da Independência
ano 1820: Avanço dos federais sobre Buenos Aires, queda do Diretório, começo da desunião entre as províncias
ano 1835: Começo do segundo governo de Rosas
ano 1853: Sanção da Constituição
ano 1880: Buenos Aires, capital da República
ano 1916: Presidência de Yrigoyen
ano 1930: Revolução que derruba o governo radical
ano 1943: Revolução que abre as portas para Perón
ano 1955: Queda de Perón

Dentro deste trabalho que visa proporcionar às crianças sua localização no tempo histórico, no momento em que começam a estudar as civilizações antigas as crianças devem adquirir *noções gerais de "cronologia"*, aprendendo a lidar com *estas noções*:

a) Compreender que nossa maneira de contar os anos é "cultural", *isto é,* está ligada a um acontecimento de nossa cultura, mas continuam existindo outros calendários, próprios de outras culturas.

b) Compreender que a divisão em "antes de Cristo" e "depois de Cristo" é moderna, tendo-se convertido a esta as cronologias de outros povos, que contavam os anos de maneira diferente: em Olimpíadas, por Consulados etc. As crianças costumam fazer muita confusão a este respeito... Como ajuda, deve-se exercitá-las a situar acontecimentos antes e depois de Cristo, e a calcular quantos anos transcorreram entre duas datas. Por exemplo:

— entre a fundação de Roma (—753) e sua queda em poder dos bárbaros (476).
— entre o século de Péricles (—V) e a queda da Grécia em poder de Roma (—II) etc.

c) Devem saber reconhecer a que século pertence um determinado ano.

d) Devem ter uma ideia bastante clara da duração da Pré-história e, dentro desta, do Paleolítico e do Neolítico.

e) Devem fixar os períodos em que se divide habitualmente a História: Idade Antiga, Média, Moderna e Contemporânea, a fim de possuir um quadro mais nítido do passado.

Mas levando em conta as confusões que frequentemente se nota nas crianças, devemos nos esforçar para que compreendam que:

e.1) É uma periodização feita *muito posteriormente*; as pessoas dessa época não tinham consciência de viver em uma "idade" determinada.

e.2) O único objetivo dessa periodização é que favorece uma compreensão maior.

e.3) Não há nenhum corte nem mudança brusca de uma época para outra: há momentos em que surgem *"modelos" de sociedade* um pouco mais definidos (por exemplo, "o feudalismo", "a Atenas democrática"), e momentos em que se vê esse "modelo" em *crise*, e se começa a notar novas características que irão constituir *uma nova sociedade,* mas *sem cortes.* A evolução é permanente e vai ocorrendo com simultaneidade nos diferentes aspectos de uma sociedade.

Talvez fosse útil, para evitar as simplificações (Em 476 cai Roma e começa a Idade Média), *dar séculos* como *datas-chave:* "No final do século V já não sobra nada da Roma imperial, estamos diante de uma sociedade que mudou profundamente, podendo-se, por isso, considerar que começa um período distinto que chamaremos de "Pré-idade Média...".

É necessário que as crianças vejam nitidamente as *características* do período que surge, e que não o associem a um *acontecimento isolado,* que em si, apenas, nunca é muito definitivo.

Com que idade pode-se começar o aprendizado da História?

O aprendizado da História apresenta sérias dificuldades para as crianças, razão pela qual é fácil de entender que não deveria começar tão cedo como acontece atualmente.

Na verdade, o critério para decidir *quando* deve começar este aprendizado não surgiu de um estudo da psicologia das crianças, para determinar o momento em que já contam com os instrumentos necessários para fazê-lo. Melhor, o *critério foi prático*: parte-se da necessidade que tem o país de que seus cidadãos conheçam a História Nacional, encomendando-se esta missão à escola de 1º grau, o único ciclo frequentado pela maioria da população.

Mas isto está trazendo como *consequências:*

— Fixar demasiadamente cedo, antes que as crianças possam *compreender e julgar,* certos *estereótipos,* que logo se tornam inibitórios para desenvolver uma atitude crítica diante da História Nacional.

— No *empenho* de tornar os temas mais compreensíveis, oferece-se *versões simplistas e infantis,* que não ajudam a compreender o passado nem o presente, e sem qualquer valor a não ser o sentimental.

Quais são as dificuldades que as crianças encontram?

São de dois tipos:

1) Em primeiro lugar o problema da percepção do tempo;
2) Em seguida, o problema dos temas não coincide com o *interesse* e as *possibilidades de compreensão* das crianças.

1. *O problema do tempo histórico:*

Verifica-se quando, nas primeiras séries da escola de 1º grau, a criança ainda tem dificuldades na percepção do tempo... que dizer, da percepção do *tempo histórico,* que não se pode apreender através da experiência, e cuja duração se torna de difícil compreensão para muitos adultos...!

Mesmo que antes dos 11 anos já estejam bem aptas para lidar com relações de ordem temporal ("antes" — "depois") e com durações (mais ou menos tempo), as crianças não estão em condições de levar esses conceitos para um tempo tão distante de sua experiência, como o tempo histórico... Elas se exercitam comodamente na vida cotidiana:

— "As festas de Carnaval são antes do início das aulas", mas... mas quantas confusões nos demonstram que essa relação de ordem temporal é difícil de ser feita no passado remoto...! "José San Martín nasceu antes que Domingo Sarmiento...?" Muitas vezes as crianças respondem às avessas, porque se exercitam com dados muito mais simples e intuitivos: nas ilustrações que conhecem mais, Sarmiento está representado como *mais velho, logo, "nasceu antes".*

O mesmo acontece com *as durações*: mesmo que estejam em condições de reconhecer uma maior ou menor duração, ligada à sua experiência, o que significa, para elas, falar-lhes de "500.000 anos"? De "5.000 anos"? De "antes de Cristo"...?

Por tudo isto, *considera-se que o aprendizado da História não deveria começar antes dos 11 ou 12 anos,* momento da cristalização do pensamento formal. A partir daí e na adolescência, surgem nos indivíduos *certas características* que possibilitam o aprendizado da História:

— *Até essa idade,* a criança pondera sobre realidades próximas de si e sobre a ação em curso... Desde então, começa a ser capaz de multiplicar as distâncias com o objeto conhecido, podendo, portanto, refletir sobre um objeto *fora do presente.*

— O adolescente já é capaz de "elaborar teorias sobre as coisas".

Antes dos 11-12 anos, portanto, não se pode falar de aprendizado da História... Aliás, o máximo que se pode fazer é *ajudá-las a desenvolver a ideia de evolução:* comparando, por meio de fotos, lâminas ou objetos, "como se vestiam as pessoas quando os pais eram crianças", "como se iluminavam as casas antigamente", "como se viajava", "como viviam os índios...", sem pretender que situem estes dados no tempo. No máximo, que sejam capazes de *ordenar tais dados;* por exemplo, ordenar várias lâminas com vestimentas, conforme tenham sido usadas antes ou depois etc.

Esta *aproximação do passado, esta iniciação na percepção da evolução,* não é verdadeiramente "História", mas ajuda as crianças a *desenvolver a noção de tempo.*

Mesmo depois dos 11-12 anos, deve-se ter muito cuidado com o que se refere à percepção do tempo... Até nas últimas séries do ensino de 1º grau, esbarra-se em confusões fantásticas. Pode-se ajudar as crianças:

— Situando os acontecimentos sobre uma linha que represente o tempo, cuidando para que cada novo período ou processo que se estuda seja bem situado em relação aos que foram vistos anteriormente.

— Fazendo comparações, partindo da realidade mais próxima das crianças: "Entre as pirâmides do Egito e Jesus Cristo, existe tanto tempo quanto entre Jesus Cristo e nós".

"Entre o século de Péricles e o século de Augusto, existe aproximadamente tanto tempo quanto entre a conquista da América e nós."

Quando se dá exercícios de ordenação cronológica, deve haver *um nexo causal* entre os elementos a serem ordenados, de modo que o exercício possa ser resolvido com um esforço de reflexão, sem apelar unicamente para a localização no tempo.

2. *Problema dos temas que não coincidem com os interesses e possibilidades de compreensão das crianças:*

Os interesses:

O mundo das instituições e das complicadas organizações políticas está distante do interesse das crianças. Provou-se que existem *quatro temas* pelos quais as crianças se sentem mais atraídas, e que seriam *aqueles com os quais se pode trabalhar realmente*:

(1) O *passado imediato:* o que o avô conta, o que pode averiguar sobre como era a escola e o bairro antes..., isto é, aquilo que está vinculado ao seu meio, à sua experiência.

(2) *A pré-história, a vida das populações primitivas de nosso território*; a vida dos "índios" sempre é apaixonante para as crianças:

— pelas possibilidades de *se identificar* com estas comunidades de vida simples, tão ligada à natureza, tão cheia de aventura aos olhos da criança,
— os *elementos* com que lida neste caso são *fáceis de captar,* são como a vida da criança: os alimentos e como se abastecer, como se vestir, a casa etc.

(3) *As biografias:* as vidas de homens concretos, dos quais se sentem afetivamente muito mais próximos do que de uma comunidade inteira ou de uma sociedade.

(4) *A evolução de elementos da vida cotidiana:* condições de vida, transportes, casa, trajes, costumes etc.

A compreensão:

Nas crianças *existem duas dificuldades* para a compreensão do passado, que se somam à dificuldade mencionada na percepção do tempo, para rebater o aprendizado prematuro da História:

(1) *A confusão entre o plano da realidade e o plano da fantasia.*

Deve-se considerar que mesmo na 6ª série do ensino de 1º grau, há adolescentes que confundem, por exemplo, a *mitologia* com a História de um povo. Exemplos:

Um aluno, ao compreender que os mitos gregos pertenciam ao plano da fantasia, perguntou: "Mas... Péricles existiu?". Outro caso: é frequente que considerem como *verdadeira* em todos os seus componentes, a lenda da fundação de Roma.

(2) *O "maniqueísmo" das crianças,* que faz com que definam os personagens como "bons" e "maus", em "heróis" e "malvados".

Para facilitar a compreensão:

— A História que se ensinar antes dos 14 anos deve ser, acima de tudo, *descritiva.* Nessa idade, as crianças podem compreender como viviam em uma determinada época, mas pode estar acima de suas possibilidades compreender algumas *causas e explicações,* principalmente no plano político.

— Insistir mais nos aspectos *da vida da sociedade* numa época determinada do que nos aspectos políticos e jurídicos.

— Procurar fazer *"sentir"* os homens dos períodos estudados como homens de verdade, dar cor e emoção aos relatos, o que não significa enfeitá-los com falsidades e anedotas duvidosas, ou converter os relatos em "historietas" que deformam a visão dos fatos.

As atividades das crianças:

1. A interpretação de testemunhos históricos:

"A História é o estudo do passado do homem *através dos testemunhos que permaneceram...*". Quer dizer que *não há História sem testemunhos,* sejam estes escritos, pintados, gravados, filmados etc. As palavras "testemunho" e "documento" são empregadas como sinônimos, mas o termo "documento" pode ser reservado para os testemunhos escritos. "Testemunho" é, então, *todo o vestígio* do passado do homem.

Como o estudo da História deve ser *total* (já que *TODO* o passado do homem é seu objeto de estudo), a gama de testemunhos é vastíssima: testemunhos escritos (cartas, contratos, regulamentos, leis, relatos etc.) e também edifícios, móveis, objetos de uso diário, fotografias, pinturas, revistas, jornais etc.

A experiência de interpretar estes testemunhos – interrogá-los, fazê-los falar, descobrir por seu intermédio algum *rastro* da atividade do homem no passado – *é a atividade mais autêntica* que podemos propor às crianças nas aulas de História.

(1) Porque, desta maneira, as crianças realizam, em "ponto pequeno", a *mesma tarefa do historiador:* "fazer" a História a partir dos rastros do passado que tem à mão, como um detetive reconstrói o crime a partir também dos "rastros" que ficaram.

(2) Porque permite que as crianças *partam do imediato, do concreto,* a que são essencialmente sensíveis.

Além destes dois fundamentos, a interpretação de testemunhos oferece *outras possibilidades valiosas:*

1) Impede que as crianças vejam a História como algo fixo, dogmaticamente feito para sempre... "Experimentam" em si mesmas a dificuldade do conhecimento histórico: interpretar o passado quando dele sobraram apenas uns poucos restos... As crianças têm a oportunidade de ver como alguns testemunhos podem dar lugar a *hipóteses diferentes,* e realizam o esforço de procurar interpretar os dados objetivamente, verificando as hipóteses em outros documentos dignos de confiança.

2) A experiência de imaginar e discutir com os companheiros significados distintos a partir de um mesmo testemunho, acostuma-as *a distinguir,* nos textos e manuais utilizados, o que é *dado objetivo* e o que é *interpretação pessoal do autor,* isto é, até onde chega o testemunho e onde começa o trabalho pessoal do historiador.

3) Esta *atitude crítica* diante dos textos, ou revistas, jornais etc., pode ser estendida *às próprias fontes,* ou seja, diante de certo tipo de textos, as crianças podem apresentar temas para discutir: "O autor estava em condição de dizer a verdade ou está recolhendo versões de segunda mão, boatos...?" "Pode-se confiar em sua veracidade ou deve-se ficar atento, porque quem escreve tem motivos para ser parcial ao narrar as coisas...?" etc.

Que testemunhos podemos usar...?

Embora entre nós não seja possível basear todo o aprendizado na interpretação de testemunhos, podemos utilizar muitos recursos:

(1) *Testemunhos escritos:* (decretos, relatos, crônicas etc.), são os mais ricos para o historiador, mas seu uso oferece muitas dificuldades na escola de 1º grau:

— porque, tratando-se de textos antigos, o idioma apresenta modismos, rodeios, expressões, vocábulos desusados atualmente, difíceis de interpretar;

— porque a análise de textos é uma tarefa exigente, geralmente acima das possibilidades e interesses das crianças.

Mas pode-se fazer *alguns exercícios interessantes,* com certas precauções:

— utilizar textos curtos e orientar seu estudo;
— pegar um trecho um pouco mais longo unicamente se o texto for muito simples em seu vocabulário e conteúdo;
— preferir textos que narrem ou descrevam cenas, lugares etc., porque a análise de documentos como leis, acordos, declarações etc., geralmente estão acima do alcance das crianças.

Testemunhos figurativos: podem ser *pinturas, reproduções,* nas quais se pode analisar roupas, costumes, mobiliário etc.; *fotografias:* da família, da cidade em que se vive, do bairro, de casas, de automóveis *antigos,* dos primeiros aviões, de modas e costumes de anos passados etc.; *fotografias recortadas de revistas*: dados do passado, cenas que se referem a algum acontecimento importante; *fotografias ou diapositivos de testemunhos históricos*: de ruínas, de objetos, de obras arquitetônicas cuja observação está fora de nosso alcance.

Sempre que seja possível este tipo de ilustração, é preferível aos desenhos ou lâminas, porque estes nem sempre têm a fidelidade necessária e, além disso, não têm o valor de testemunhos.

O uso de *testemunhos figurativos* é sempre preferível ao de testemunhos escritos, e deve ser sempre o mais frequente possível, de acordo com o material de que se dispõe. Deve-se lembrar que muitos manuais incluem abundante ilustração (às vezes, lamentavelmente, são apenas desenhos e não testemunhos) que pode ser bem aproveitada.

(3) *Testemunhos reais: os próprios objetos.* Quando é possível, seu uso é preferível ao de qualquer outro testemunho: ver, tocar, examinar à vontade um objeto do passado, é uma tarefa apaixonante para as crianças... Mas é também a espécie de testemunho mais difícil de se arranjar. As visitas a museus nem sempre são possíveis e, em muitas vezes, resultam menos proveitosas do

que gostaríamos: ou porque não as preparamos bem, ou porque os museus não apresentam os testemunhos didaticamente, ou então porque a distância e a escassez de meios para se mobilizar fazem da visita ao museu um fato extraordinário; além disso, pretendemos que em um só dia vejam tudo e, no final, não vêm nada.

Mas, sem ir ao museu, às vezes pode-se levar à escola moedas antigas, objetos de uso diário etc. No lugarejo ou na cidade, pode-se observar velhos edifícios, calcular suas dimensões, analisar seu estilo, realizar seu plano, compará-los com as casas de hoje, observar os materiais com que foram construídos, averiguar a procedência destes materiais etc.

Desde que idade se pode trabalhar com "testemunhos"...?

Podemos apresentar testemunhos *a todas as idades*: aos maiores, integrados no estudo da História; aos menorzinhos, para iniciá-los na noção de "evolução". A presença, geralmente ocasional, de um objeto ou fotografia pode fornecer a oportunidade de analisar, comentar, descrever etc.

Em que momento do estudo de um tema utilizamos os testemunhos...?

O trabalho com testemunhos pode preencher *diferentes funções*:

Motivar: a partir de um testemunho, pode-se apresentar perguntas que motivem o estudo de todo um período.

Procurar respostas: para problemas ou perguntas que se está investigando:

"Como era a vida no Egito antigo...?"
"Como era minha cidade há cem anos...?"
"Sob que aspectos somos herdeiros da cultura grega?"

É o uso mais normal e o que oferece mais possibilidades:

Como aplicação: assim que se houver esclarecido um assunto ou investigado um tema, aplicar os conhecimentos adquiridos sob forma de revisão, reconhecendo elementos em um testemunho.

Como realizamos o trabalho...?

(1) O trabalho consiste em "fazer falar" o testemunho, dele obtendo todos os dados que possamos, e não lhe apresentando mais perguntas do que as que se possam resolver apenas com a sua observação ou leitura.

(2) O trabalho será tanto mais orientado pelo professor quanto menos treinadas estejam as crianças. Será mais livre quando as crianças tiverem mais prática. Se se trata de textos um pouco mais longos ou difíceis, é preferível que o professor faça a primeira leitura, com boa entonação.

(3) O trabalho será feito em conjunto se os materiais se prestam para isso; por exemplo, se se trata de projeções. Quando se trabalhar com material visual de tamanho menor (postais, por exemplo), pode-se atuar em grupos, com roteiros escritos para conduzir a observação até o essencial.

Alguns exemplos:

1. *"Uma viagem de Buenos Aires a Córdoba"* (ano 1868)

Fragmento do folheto: *"Recuerdos de 42 años en la República Argentina",** de Carlos Christiernsson. (Publicado em "Estampas del pasado", de J. L. Busaniche, Livraria Hachette, págs. 671-2.)

a) "Depois de prestar meus exames de bacharel na Universidade de Upsala e sair como *engenheiro* da Escola Politécnica de *Estocolmo,* resolvi cruzar os mares para oferecer meus serviços profissionais ao governo da República Argentina, onde, segundo nossas informações, começara a construção de *estradas de ferro...*".

b) "Chegamos a Buenos Aires quase no mesmo dia em que o presidente Mitre passou o mandato ao seu sucessor *D. Domingo Sarmiento...*".

---

* N.T. — Recordações de 42 anos na República Argentina.

c) "Pegamos a *Estrada de Ferro do Norte* na *estação do Retiro* e em *San Fernando* embarcamos no *vapor Diana* até *Rosário de Santa Fé*. Esta cidade, devido à sua localização, situada como está sobre um *barranco elevado,* com um excelente *porto* de mar e *cabeceira* da recém-construída *Estrada de Ferro Central Argentina,* prometia ser a *metrópole* das províncias do interior. Pegamos ali a estrada de ferro que nos levou a *Oncativo,* a estação final e, desde esse ponto, fomos de diligência* à *douta cidade de Córdoba,* ponto de apoio da referida estrada de ferro, onde chegamos *vadeando o rio Primero.*"

d) "Para mim, viajar de diligência era uma locomoção tão *inusitada* quanto *divertida e cheia de emoções".*

Em uma *galera** do tempo colonial,* de rodas altas e com largura adaptada à *trilha,* a isso se resumiam nessa época os caminhos que atravessavam as vastas planícies, sentavam-se de seis a oito passageiros que, comprimidos, seguiam o vaivém do pesado veículo, sempre sujeitos a se chocarem uns com os outros...

Roteiro para a análise:

1. O autor:

— Que dados se pode conseguir sobre o autor...?
— Comparar a Argentina de então com o país de que vem o autor.
— De que maneira você acha que essas diferenças influiriam no ânimo do autor...?

2. A data:

— Que dado nos permite saber a data da chegada do autor...?
— Que data é essa...?

---

* N.T. — Diligência: tradução dada para *mensajería* e descrita como uma galera.
** N.T. — Galera: carro grande de quatro rodas e com toldo, para transporte de pessoas.

3. **A viagem:**

   — Por quais meios a viagem era feita...?
   — Traçar o trajeto num mapa: marcar as etapas e assinalar com cores diferentes os trechos realizados por diversos meios de transporte.
   — Observar que trechos de estrada de ferro já estavam construídos.
   — Qual é a reação do autor diante da perspectiva de fazer uma viagem numa galera...?
   — Descrever a galera.
   — Descrever as condições em que se viajava.
   — Como eram as estradas...?

4. **As cidades:**

Rosário:

   — Que dados nos fornece o texto sobre esta cidade?
   — Que importância dá o autor à cidade?
   — Segundo o autor, em que se baseia essa importância de Rosário?

Córdoba:

   — Que adjetivo utiliza para Córdoba...? Por quê...?

2. *"Cartas dotais do século XVII"* (pág. 99 do texto citado no testemunho anterior)

   São dados de uma carta dotal do século XVII (ano 1644) citados por R. de la Fuente Machaín, em "Buenos Aires no século XVII". Emecé Editores.

   ... "Uma fazenda nesta parte do rio Luján,
   com meia légua de frente avaliada em.................. $ 100,00
   Um quarto solar dentro da cidade .... $ 80,00

Dois escravos adultos, mais um de seis anos
e outro sem idade determinada, avaliados em
conjunto.. $ 1.000,00
Cem fânegas* de farinha avaliadas em................ $ 125,00"

Roteiro para a análise:

1) *Investigar* o que é um *dote* e o que é uma *carta dotal.*
2) Localizar o documento no tempo, século XVII: época colonial.
3) Situar a fazenda no mapa.
4) Comparar os preços:

   — a fazenda com o solar na cidade
   — a fazenda ($ 100) com um escravo ($ 250)
   — a fazenda com as cem fânegas de farinha.

5) Tirar conclusões:

   — Por que a terra vale tão pouco?
   — Por que a farinha vale tanto?
   — Era possível comprar um escravo pelo preço de duas fazendas e meia...? Que conclusões se pode tirar sobre a fortuna das famílias que tinham escravos?

6) A sociedade colonial no século XVII:
   Quais as conclusões gerais que se pode tirar da sociedade colonial, de acordo com este documento...?

---

* N.T. — Medida de capacidade de cinquenta e cinco litros e meio.

3. *Mapa do historiador Hecateu de Mileto* (fim do século —VI)

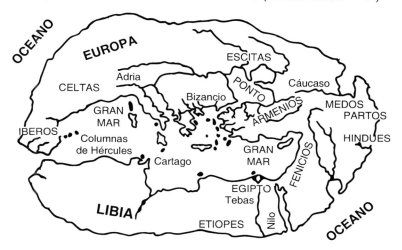

Roteiro para a análise:

1) Descrever como Hecateu concebia a distribuição de *continentes* e do *oceano*.
2) Comparar com um mapa e ver:
   — A que Hecateu dava o nome de "Gran Mar"...? Por que daria esse nome?
   — Localizar, no mapa de Hecateu, o Mar Negro e o Mar Cáspio.
   — A que dá o nome de "Líbia"?
   Comparar com a África: tirar conclusões.
   — A que dá o nome de "Columnas de Hércules"...?
   — Comparar com o mapa atual e ver quais os países representados com mais fidelidade... Por quê?
   — Comparar a Ásia do mapa com a Ásia como é; qual a grande nação que está faltando...?
   — Qual é o continente que falta no mapa de Hecateu?
3) Enumerar os povos citados pelo mapa.
4) Comparar os continentes no mapa de Hecateu; qual é considerado o maior?

5) Por que Hecateu via os continentes desta maneira...?
— Arriscar hipóteses.
— Discutir as hipóteses.

2. *Investigar sobre História local:*

O valor da História local vem do que foi dito sobre a interpretação de testemunhos:

— permite trabalhar sobre a *realidade mais próxima,* com a realidade à qual a criança está ligada afetivamente;
— *permite usar testemunhos* (casas velhas, planos antigos, relatos, testemunhos orais de antigos habitantes etc.)

Oferece também *certas dificuldades:*

— em muitos casos: *a escassez de testemunhos* para trabalhar na investigação da História local. Em geral, há mais facilidade para fazer investigações simples de um único aspecto, do que trabalhos integrais sobre a História da localidade.

— Não tem muito valor para *compreender o presente* se não se orienta o raciocínio de tal forma que os problemas levantados e os dados recolhidos sejam vistos sob perspectiva mais vasta que a localidade: a região e, sobretudo, o país.

Isto é: para que seja um trabalho de valor, é necessário, na História local, *fazer transcender os resultados obtidos para o plano nacional:*

a) Ou porque é um *ponto de partida,* uma *motivação,* para estudar um problema sob uma perspectiva mais ampla, por exemplo: Investigar: *"Como se povoou nosso lugarejo..."*. E, a seguir, levantar outras interrogações:

— Todo o território nacional se povoou desta maneira?
— Quais as regiões que se povoaram de maneira semelhante ao nosso lugarejo (ou cidade)?
— Como se povoou o resto do país?

b) Ou ilustrando com *História local* um problema que se estuda em escala nacional. Isto é, ver como a localidade em que se vive é afetada por um assunto que foi estudado enquadrado em todo o país. Por exemplo, depois de haver estudado a construção das estradas de ferro na Argentina, investigar sobre: "A construção de estradas de ferro em nosso lugarejo ou cidade".

3. *Visitar museus:*

Tudo o que foi dito sobre a organização de excursões pode ser aplicado à visita aos museus.

Para que a visita seja mais aproveitável pode-se citar as seguintes normas gerais:

— Que a visita esteja preparada;
— Que as crianças levem um *roteiro* com as observações a fazer, sempre que possível por escrito;
— Que saibam claramente o que vão ver;
— Que tenham a *informação* necessária para que possam apreciar o que vão ver no museu. Por exemplo: se vão ver algo da época de Juan Rosas, devem conhecer as características gerais desse período, já que o museu não é um lugar adequado para dar muitas informações;
— As coisas devem estar organizadas de maneira que, dentro do possível, a criança trabalhe sozinha ou em pequenos grupos dentro do museu;
— Que façam a visita para ver *poucas coisas,* e que o conjunto de elementos que serão observados *seja,* na medida do possível, *homogêneo,* isto é, que pertençam, suponhamos, à "Época colonial" ou às "Civilizações indígenas" etc... O *risco de ir ao museu para ver tudo o que é possível* reside no fato de que as crianças vejam muitas coisas e tão heterogêneas, que façam uma confusão enorme e não aproveitem a fundo o que veem;
— Que os dados recolhidos sejam *trabalhados* em classe, ao voltar: que os dados sejam comparados, discutidos, que relatos sejam redigidos, que se organizem exposições etc.

4. *Estabelecer relações com o presente:*

O exercício de vincular com o presente deve *ser permanente* e pode ser feito de diferentes maneiras:

a) *Comparando:* procurando *semelhanças* ou *contrastes.* Por exemplo:
   — "Comparar a vida do homem Paleolítico com a nossa".
   — "Comparar a paisagem dos pampas, na época da independência, com a paisagem atual".
b) *Procurando no presente as consequências do passado:* Ex.: Que consequências tem, no mundo atual, o tráfico de negros realizado no passado
c) *Procurando no passado a explicação de uma característica do presente:* Ex.: "Por que existem vários grupos religiosos, separados entre si, que se autointitulam 'cristãos'...?"

Estes exercícios podem ser feitos de *diversos modos:*

oralmente:

— com a classe (ou série) em seu conjunto;
— dividindo a classe (ou série) em pequenos grupos, cada um dos quais informando, em seguida, a que conclusões chegou.

por *escrito:*

— individualmente;
— por equipes.

Havendo comparações pode-se, inclusive, complementar o trabalho escrito com a comparação de testemunhos figurativos ou com ilustrações.

5. *Fazer gráficos representando a relação dos acontecimentos no tempo:*

O objetivo deste trabalho é ajudar as crianças a se situarem no tempo.

Trabalhando com *escala,* poderão fazer esquemas de tipos diferentes, que as ajudem a perceber a *linha de sucessão* dos fatos, os *sincronismos* e as *durações.*

a) *A sucessão dos fatos:*

Ao iniciar o estudo de um período, é necessário que as crianças tenham *a visão global* do mesmo. Para isso, é útil que tenham um gráfico do período, com a decurso dos fatos mais importantes. Por exemplo:

"A Idade Média"

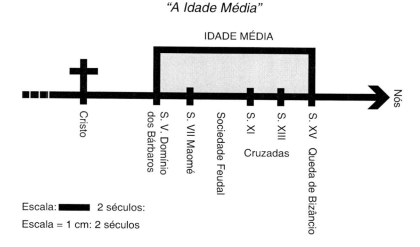

b) *Os sincronismos:*

As crianças têm a tendência de pensar que o que estudaram antes, sucedeu antes. É muito difícil para elas perceber os sincronismos, isto é, compreender a simultaneidade dos processos.

Através de gráficos, podem ver quando há simultaneidade, ver como enquanto uma cultura está no seu apogeu, outras, talvez, estão em decadência ou começam a se desenvolver. Exemplo:

94 A ESCOLA E A COMPREENSÃO DA REALIDADE

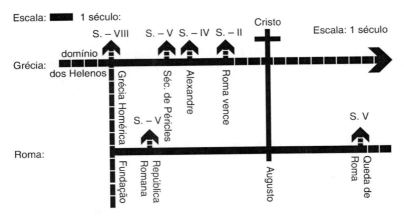

c) *As durações:*

Pode-se explicar às crianças que a Pré-história é muito mais longa que o período que vem desde a invenção da escrita, mas nunca o compreendem tão bem como quando *veem* essas durações representadas em escalas, e podem compará-las:

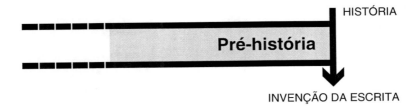

6. *Ler biografias:*

Já vimos que as crianças se sentem muito mais próximas de um período histórico quando o conhecem através da biografia de um homem dessa época.

Mas existe um perigo: deturpar sua visão, fazendo-as ver como *se a História fosse feita por certos homens importantes.*

A este respeito, podem-se utilizar as biografias com o critério que já foi explicado ao se falar da História local: que sejam uma *motivação* ou *um ponto de partida,* para visualizar toda uma época. As biografias podem ser *verdadeiras* ou *inventadas:*

verdadeiras:

Biografias de *personagens típicos* de um período ou de uma categoria de homens, das quais extrair dados que podem ser generalizados aos outros homens da época, ou então ser motivação para o estudo de um período inteiro. Por exemplo: El Cid, como cavaleiro medieval, São Paulo, como testemunho da expansão do cristianismo no mundo antigo etc.

inventadas:

Biografias de personagens anônimas, que não existiram realmente, mas na narração da vida de tais personagens foram utilizados dados *verdadeiros* que esclarecem uma época. Entre os argentinos, seria o caso de Martin Fierro, história que, se não aconteceu, poderia ter acontecido.

Na "História Dinâmica" da Editorial Kapelusz, existem alguns exemplos:

— a vida de um jovem romano (p. 271).
— a viagem de um jogral pela Espanha (p. 482).

7. *Ler contos, novelas, poesias:*

Têm grande poder motivador... Os contos e as novelas históricas, se estão bem ambientados, podem ter, também, valor *informativo.* Ajudam a captar a "cor" de uma época, aproximam emocionalmente dessa época.

É preciso, contudo, tomar cuidado para que as crianças notem claramente *o plano* em que se desenvolve o conto ou a novela: o *da fantasia,* que diferenciem bem o que é a História de um período e o que são as personagens *imaginárias* de que fala a novela.

8. *Escutar música:*

Como as poesias, as músicas têm um valor fundamentalmente *motivador.* Como no caso da Geografia, algumas canções folclóricas podem ser utilizadas, levando-se em conta a seleção:

— *a qualidade,* o valor estético do trecho musical.
— *a seriedade,* sob o ponto de vista histórico.

Alguns exemplos: "Cielo de los tupamaros" — cielito (Osiris Rodríguez Castillo).
"Dicen que al Chacho lo han muerto" — vidala chayera (Ariel Ramírez-Félix Luna).

9. *Fixar vocabulário:*

Através das aulas de História, deve-se ir gravando um vocabulário, útil inclusive para a leitura de informação da atualidade.

Às vezes o professor utiliza alguns termos, certo de que as crianças conhecem seu significado, mas, ao interrogá-las percebe com grande surpresa que não o conhecem ou têm do mesmo apenas uma ideia aproximada.

Alguns termos com os quais é útil trabalhar:

democracia	império	armistício
aristocracia	imperialismo econômico	trégua
oligarquia	imperialismo	governo unipessoal
burguesia	reino	absolutismo
revolução	população marginalizada	classe social

BIBLIOGRAFIA

CARVALHO, C. Delgado de: *La historia, la geografía y la instrucción cívica.* Buenos Aires, Editorial Kapelusz, 1962.

FEBVRE y LEUILLOT: *La enseñanza de la historia y de la geografía.* Buenos Aires, Editorial Nova, 1958.

HERMOSO NÁJERA, Salvador: *Técnica de la enseñanza de la geografía.* México, Fernández Editores, 196.0.

JAROLIMECK: *Las ciencias sociales en la educación elemental.* México, Editorial Pax, 1964.

LEIF, J. Rustin, G.: *Didáctica de la historia y de la geografía.* Buenos Aires, Editorial Kapelusz, 1964.

ROISG, CH. et BILLON-GRAND, F.: *La socialisation politique des enfants.* Paris, Armand Colin, 1968.

UNESCO: *Método para la enseñanza de la geografía.* Barcelona, Teide, 1966.

VERNIERS: *Metodología de la historia.* Buenos Aires, Editorial Losada, 1962.

WARR, Edith: *La formación de los sentimientos sociales.* Buenos Aires, Editorial Kapelusz, 1958.

ZAMORANO, Mariano: *La enseñanza de la geografía en la escuela secundaria.* Buenos Aires, Eudeba, 1965.

ZAMORANO e Outros: *La geografía en la República Argentina.* Buenos Aires, Editorial Paidós, 1968.

Em Madrid, onde reside atualmente, contou-me Maria Teresa Nidelcoff, entre várias outras coisas, sua experiência didática mais recente sobre a qual pretende escrever assim que a julgue madura o suficiente.

Baseada nas biografias permanentemente publicadas acerca dos homens importantes, faz com que seus alunos — na maior parte filhos de operários residentes na periferia da cidade — entrevistem seus pais para, com o material, produzirem suas biografias, já que, como ressalta M. T. N., não há figura mais importante para os jovens do que seus pais.

Os resultados são surpreendentes: de um lado o conhecer, por parte dos meninos, da história recente de seu país, suas lutas políticas e o significado objetivo das suas figuras públicas.

De outro lado, promove a aproximação e o conhecimento, de outra forma tão dificilmente atingidos entre as gerações.

Minha intenção, ao anunciar essa experiência como a entendi, é a de que ela seja tentada também entre nós e que, em consequência, seja enriquecida, quando a troca de informações se der num futuro, espero, não muito distante.

Outubro 1985   *Caio Graco Prado*

44.00